Hinter dem Rampenlicht

Über die Autorin
Dr. Martina Helmig hat in Berlin und New York Musikwissenschaft und Publizistik studiert. Sie lebt als freie Kulturjournalistin in Berlin und schreibt u.a. für die Berliner Morgenpost, Die Welt, F.F.dabei und Deutschlandfunk Kultur. Daneben hat sie Musikfestivals und Symposien organisiert und fünf Musikbücher veröffentlicht, darunter "Ruth Schönthal - ein kompositorischer Werdegang im Exil", "Fanny Hensel - Das Werk" und „Maßstab Beethoven".

Hinter dem Rampenlicht

Bühnenberufe in Porträts

Martina Helmig

Bibliografische Information der Deutschen Nationalbibliothek:
Die Deutsche Nationalbibliothek verzeichnet diese Publikation in der Deutschen Nationalbibliografie; detaillierte bibliografische Daten sind im Internet über http://dnb.dnb.de abrufbar.

TWENTYSIX – Der Self-Publishing-Verlag
Eine Kooperation zwischen der
Verlagsgruppe Random House und BoD – Books on Demand

© 2019 Martina Helmig

Layout: Johann-Christian Hanke
Herstellung und Verlag: BoD – Books on Demand, Norderstedt
ISBN: 978-3-740-748135

Für Eric

Inhaltsverzeichnis

Vorwort..13

Problemlöserin mit Nerven aus Stahl
Die Inspizientin..15

Von Luftballons und jodelnden Pferden
Der Requisiteur 19

Bärte frisieren, Beulen modellieren
Die Maskenbildnerinnen..............................23

Historische Schnitte für strapazierfähige Stoffe
Die Gewandmeisterin 27

Musikmöbelpacker und Mädchen für alles
Die Orchesterwarte 31

Mit Schreckschusspistolen oder Trickdolchen
Der Rüstmeister 35

In der Schaltzentrale
Das Künstlerische Betriebsbüro 39

Dramatische Momente im Zuschauerraum
Der Theaterarzt 43

Sicherheit wird groß geschrieben
Der Technische Inspektor............................47

Goldgräber und Denkmaschinen
Die Dramaturgen 51

Lichtgestalt mit 100 Scheinwerfern
Der Beleuchter 55

Schnittstelle zwischen Musik und Technik
    Der Tonmeister 59

Dreidimensionales für die Bühne
    Der Theaterplastiker 63

Alleskönnerin am Klavier
    Die Korrepetitorin 67

Wünsche von den Augen ablesen
    Der Besucherservice 71

Knackbretter und andere Zaubereien aus Holz
    Der Theatertischler 75

Glitzerhauben in Handarbeit
    Die Putzmacherin 79

Wächterin über 200 Haken
    Die Garderobiere 83

Tüllgardinen und Theatervorhänge
    Der Tapezierer 87

Die Frackschleife muss sitzen
    Der Ankleider 91

Für einen guten Stand
    Die Schuhmacherin 95

Leinwände im XXL-Format.
    Der Theatermaler 99

Training mit den Tänzern
    Der Ballettmeister 103

Schnee für die „Zauberflöte"
    Der Schnürmeister 107

Drei Stunden für eine Geigenstimme
Der Notenkopist 111

Schritte und Sprünge notieren
Die Choreologinnen 115

Kostbarkeiten aus der Geschichte
Der Theaterarchivar 119

Kostüme veredeln oder verschmutzen
Die Kostümmalerin 123

Soldaten, Kellner oder Sargträger
Die Komparsen 127

Den Zuschauern neue Blickwinkel eröffnen
Die Theaterpädagogin 131

„Toi toi toi" auf Italienisch
Souffleuse und Sprachcoach 135

Partner fürs Theater gewinnen
Die Sponsoringbeauftragte..............................141

Im Keller mit zweieinhalb Kilometer Noten
Die Orchesterbibliothekarin........................ 145

Theaterwände dürfen nicht wackeln
Der Bühnenmeister 149

Stammkunden und Touristen betreuen
Der Ticketservice 153

Fitness für Tänzerbeine
Der Physiotherapeut 157

Kompromisse ruinieren das Foto
Der Theaterfotograf 161

Im Dauerlauf durchs Theater
  Der Floater 165

Gefühle in Großaufnahme
  Die Videokünstlerin 169

Ballettspiele mit kleinen Schwänen
  Die Tanzpädagogin und Tanztherapeutin 173

Zehn Tonnen Stahl fürs Bühnenbild
  Der Theaterschlosser 177

Stars auf der Rückbank
  Der Chauffeur 181

Ohne Organisation ist alles nichts
  Das Orchesterbüro 185

Ein Platz in der Loge
  Der Pförtner 189

Herr der Maschinenhölle
  Der Hydraulikmeister 193

Vom Klassenzimmer ins Theater
  Die Schulbeauftragte 197

Ein Mann für alle Fälle
  Der Ballettinspektor 201

Nur die Besten für die Bühne
  Der Castingleiter 205

Woher kommt das Riesen-Tamtam?
  Der Produktionsleiter 209

Die Repertoirestücke lebendig halten
  Die Spielleiterin 213

Palmen fürs Konzerthaus
Die Veranstaltungsmanagerin........................... 217

Klänge für die Bühne erfinden
Der Theaterkomponist 221

Dirigent der Technik
Der Stage Manager 225

Narrenkostüme und Ritterrüstungen
Die Fundusverwalterin 229

Vorwort

Jeder kennt die Arbeit von Schauspielern und Regisseuren. Aber wer weiß schon, was ein Floater ist oder wie ein Inspizientenbuch aussieht? „Ja, können sich die Sänger denn nicht allein anziehen?" lautet eine Frage, die Ankleider im Opernhaus immer wieder hören. An Theatern, Opern- und Konzerthäusern arbeiten zahlreiche Menschen mit spannenden und teilweise erstaunlich unbekannten Berufen. Viele sind Quereinsteiger und über Umwege am Theater gelandet. Sie alle haben eines gemeinsam: Ohne sie könnte die Vorstellung am Abend nicht stattfinden.

Auf der Bühne sieht man nur die Künstler. Sie stehen im Rampenlicht und werden in den Medien präsentiert. Als Kulturjournalistin habe ich Jahrzehnte lang berühmte Sänger, Dirigenten, Schauspieler, Regisseure, Tänzer und Choreographen interviewt. Dann begann ich mich für die Menschen zu interessieren, die hinter den Kulissen für Bühnenbilder, Kostüme, Requisiten, Licht und Ton sorgen. Zehn Jahre lang hörte ich mir die ungewöhnlichen Geschichten von Bühnenpförtnern und Orchesterwarten an, entdeckte den Schnürboden hoch oben unter dem Dach der Deutschen Oper Berlin und den Maschinenraum im Keller des Friedrichstadtpalasts.

Die Welt der Bühnenberufe ist vielfältiger und interessanter, als man denkt. Ich möchte mich bei den vielen Theatermachern bedanken, die mir einen Einblick in ihre Arbeit und ihr Leben gegeben haben. Ich habe viel von ihnen gelernt. Vor allem, dass Putzmacher und Theatermaler oft reizvollere Geschichten zu erzählen haben als die Bühnenstars. Ich möchte Sie dazu einladen, die Theaterwelt aus neuen, ungewohnten Perspektiven zu betrachten.

Berlin, im September 2019   Martina Helmig

Problemlöserin mit Nerven aus Stahl
Die Inspizientin

Der Premierenvorhang geht auf. Das Bühnenbild fällt in sich zusammen. Der Vorhang geht wieder zu. Jetzt bricht das Chaos hinter der Bühne aus. Ein Mensch muss dabei den Überblick behalten, blitzschnelle Entscheidungen treffen, die Vorstellung retten: die Inspizientin.

Ihre Aufgabe ist es, für den reibungslosen Ablauf der Theatervorstellung zu sorgen. In der Theorie zumindest, denn in der Praxis gibt es die perfekte Vorstellung kaum. Ein Scheinwerfer fällt aus, Eisenstangen klappern, eine Lichteinstellung brummt, der Ton kommt eine viertel Sekunde zu spät, der Schauspieler hat sein Stichwort nicht gehört. Alles kann passieren. Glücklicherweise sind die Pannen selten so dramatisch, dass das Publikum sie bemerkt.

„In dem Beruf braucht man Nerven wie Stahlseile und eine gute Reaktionsfähigkeit", sagt Kathrin Bergel vom Deutschen Theater. Bei den Proben und Vorstellungen sitzt sie in ihrer Nische an der Bühnenseite. Ihr Inspizientenpult hat unüberschaubar viele grüne, rote und weiße Knöpfe. Damit gibt sie wie eine Dirigentin die Einsätze für Szenenwechsel, Lichtstimmungen oder Schauspieler – manchmal im Sekundentakt. Über Funk ist sie mit den Gewerken und Garderoben verbunden. Auf zwei Monitoren überwacht sie die Vorstellung.

Fehlt da nicht ein wichtiges Requisit? Mit der Zoomfunktion kann sie das überprüfen und notfalls in „Minna von Barnhelm" jemanden losschicken, der so unauffällig wie möglich über die Bühne robbt und dem Wirt den vergessenen Ring bringt. In der Schublade ihres Pults hat Kathrin Bergel Heil- und Hilfsmittel für nervöse und verletzte Schauspieler: Bonbons, Schokolade, Taschentücher und Pflaster.

Ein Inspizient ist nicht nur Planungschef und Problemlöser, sondern auch Psychologe. Manche Darsteller brauchen etwas Süßes, etwas für den Hals oder ein paar aufmunternde Worte, bevor sie auf die Bühne gehen. Inspizienten müssen auf alles vorbereitet sein, auch auf kleine Wunden am Finger und schwarze Lampenfieber-Löcher im Kopf. „Ich habe auch schon einen Schauspieler angezogen, weil eine Garderobiere fehlte", erzählt Kathrin Bergel.

Auch die Inspizientin kennt Lampenfieber, sie darf es sich nur nicht anmerken lassen. „Wir und die Souffleusen sind die ruhenden Pole. Von uns wird erwartet, dass wir in jeder Situation den Durchblick haben", sagt sie. Gerade in der Endphase der Proben hat sie es mit hochgradig nervösen Künstlern zu tun. „Da kann ich nicht auch noch herumlaufen wie ein verrücktes Huhn." Ganz im Gegenteil - die Inspizientin muss immer ausstrahlen: „Macht euch nur keine Sorgen. Ich habe alles im Griff."

Das Klischee der „strickenden Inspizientin" ist längst überholt. Mit den wachsenden technischen Möglichkeiten ist die Arbeit der Inspizienten in den letzten Jahrzehnten immer komplizierter geworden. „Es wird immer mehr verlangt. An kleinen Theatern gibt es jetzt Stage-Manager: Assistenten, Souffleusen und Inspizienten in einer Person. Es kann sein, dass dahin die Zukunft geht, um Stellen einzusparen", meint Kathrin Bergel.

Am Deutschen Theater gibt es fünf Inspizienten: drei für das große Haus und zwei für die Kammerspiele. Jeder hat „seine" Produktionen, die er von den ersten Proben bis zu den letzten Vorstellungen begleitet. An den Opernhäusern, an denen die Abläufe viel komplexer sind als am Sprechtheater, arbeiten sogar drei Inspizienten an einer Aufführung.

Alles, was wichtig ist, steht im Inspizientenbuch. Kathrin Bergel hat sich selbst ein Register gemacht und in verschiedenen Farben auf jeder Seite die vielen Einsätze und Wechsel vermerkt. Eigentlich hat sie auch alles im Kopf, aber darauf musste sie sich erst einmal verlassen. Hals über Kopf ist sie damals für eine Gastspielreise eingeteilt worden, konnte ihr Buch nicht mitnehmen und musste während der fünfstündigen Busfahrt jede einzelne Eintragung rekonstruieren. „Alles hat gestimmt!" erinnert sie sich stolz.

Jeder Inspizient denkt sich seine eigenen Kürzel aus. Wenn das Licht geändert werden muss, schreibt sie „ST" für Stimmungswechsel, andere notieren „Lux" oder „LW" für Lichtwechsel. Es gibt keine Standards, und es gibt auch keine Ausbildung für den Beruf. Viele Wege führen ans Inspizientenpult. Oft sind es ehemalige Tänzer, Sänger oder Schauspieler, die ihren ersten Beruf nicht mehr ausüben können.

Kathrin Bergel wollte immer zum Theater. „Die Kostüme, das Licht, der Bühnenduft aus Schminke und Staub – das alles hat mich magisch angezogen", erzählt sie. Zwei Jahre lang arbeitete sie als Requisiteurin, dann wurde an ihrem Heimattheater in Nordhausen eine Inspizientenstelle frei. Seit 1988 arbeitet sie in dem Beruf und hat es nie bereut. Einmal sagte sie in der Sauna zu ihrer Freundin: „Nun sind schon wieder sechs Probenwochen um. So ein Theaterjahr vergeht doch wie im Flug." Da seufzte eine andere Frau und meinte: „Sie haben es gut. Ich sitze jeden quälend langen Tag im Büro und warte auf den Feierabend." Trotz Psychostress und Nachtarbeit weiß sie in solchen Momenten genau, wie glücklich sie am Theater ist.

Von Luftballons und jodelnden Pferden
Der Requisiteur

250 Luftballons in allen Größen und Farben werden auf der Bühne gebraucht. Ganz langsam sollen sie in bestimmten Rhythmen auf und ab schweben. Georg Buchmann ist dafür zuständig, dass die Theaterpoesie so wunderbar wirkt, wie es sich die Bühnenbildnerin vorgestellt hat. „Ich muss für die vielen Vorstellungen 20.000 Ballons bestellen und sie fliegen lassen", sagt der Chefrequisiteur der Volksbühne. Wie viel Zeit brauchen wie viele Menschen zum Aufblasen? Was muss man bei der Arbeit mit Helium beachten? Das sind nur zwei von vielen Fragen, die er zu klären hat. Aber er ist schon froh, dass er „nur" Luftballons besorgen muss und keine Zeppeline wie ursprünglich angedacht.

Requisiteure sind für die Beschaffung, den Bühneneinsatz und die Wartung von Requisiten zuständig. Aber was genau sind eigentlich Requisiten? Die Frage macht selbst Georg Buchmann ratlos, der immerhin seit den achtziger Jahren in dem Beruf arbeitet. Eine gebräuchliche Definition lautet: Was an beweglichen Gegenständen auf der Bühne vorhanden ist und vom Schauspieler in die Hand genommen wird, gehört zur Requisite. Zum Beispiel also Regenschirme, Revolver, Radios und Gabeln. Aber auch für Bilder an den Wänden und eben Luftballons fühlen sich die zehn Requisiteure der Volksbühne verantwortlich.

„Wir sind eine Art Sammelbecken. Alles Undefinierbare landet bei uns", erklärt Buchmann. Nicht nur zum Bühnenbild sind die Grenzen fließend. Wenn ein Stück im dichten Nebel spielt, sorgen auch die Requisiteure dafür, dass er sich interessant bewegt, aber nicht über die Bühnenrampe tritt. An anderen Häusern wären die Beleuchter für den Bühnennebel verantwortlich.

An der Volksbühne gilt die Requisite als eine der engagiertesten Abteilungen. Wie viele Requisiteure ist Georg Buchmann gleichzeitig der Waffenmeister und der Pyrotechniker des Hauses. Er kennt sich mit Werkstoffen, Tierhaltung und Lebensmitteln aus. „Wir müssen eigentlich alles können. Wenn der Regisseur eine Giraffe will, beschäftige ich mich morgen mit dem Leben von Giraffen. Übermorgen muss ich dann Pudding kochen können oder Blumengestecke arrangieren." Gerecht findet er es nicht, dass die Alleskönner zwei Lohngruppen unter den Bühnenhandwerkern liegen.

Requisiteur ist einer der ältesten Theaterberufe im Ausstattungsbereich. Seit es das Regietheater gibt, also seit rund hundert Jahren, werden Requisiteure eingesetzt. Vorher haben die Schauspieler alles mitgebracht. Staatlich anerkannt ist der Beruf erst seit einigen Jahren. Die Ausbildung zum geprüften Requisiteur umfasst unter anderem Holzbearbeitung, Formen von Kunststoffen, Kolorieren, Siebdruck, Polstern, Tafeldekoration, Stilkunde, Technisches Zeichen und Kostenkalkulation. Die meisten Requisiteure sind allerdings Autodidakten und Quereinsteiger. „Wir haben hier eine Lehrerin, einen Mathematikprofessor, eine Journalistin und zwei Maschinenschlosser", zählt Georg Buchmann auf. Er selbst hat als Theaterfotograf und dann als Möbler bei der Volksbühne gearbeitet, bevor er seine Berufung fand.

Einmal bekam er eine Anzeige vom Tierschutzverein, weil Henry Hübchen auf offener Bühne eine weiße Maus zerquetschte. Natürlich war das in Wirklichkeit nur einer von Buchmanns großartigen Tricks, aber Kummer ist der Chefrequisiteur durchaus gewöhnt. Erst vor einigen Monaten hat ein Witzbold für eine Vorstellung von „Emil und die Detektive" die Pistole mit Reizgas geladen und die Zuschauer erschreckt. Er ärgert sich auch, wenn er in Nachtarbeit einen Gipselefanten modelliert und der Regisseur bei der Vormittagsprobe dann doch lieber eine silberne Taube hätte.

Man braucht in dem Beruf nicht nur ein großes Improvisationstalent. Man muss auch robust sein und viel einstecken können. Andererseits soll man sehr sensibel sein, das nötige Einfühlungsvermögen für die Künstler und ihre Ideen haben. Man hat auch psychologisches Geschick zu beweisen, etwa wenn es darum geht, Brillen für die Schauspieler auszusuchen.

Buchmann ist gern bei den Proben dabei: „Ich kann inzwischen gut beurteilen, ob der Regisseur etwas ernst meint oder nur so dahinsagt." Er hat schon erlebt, dass ein junger, engagierter Regieassistent in der Requisite anrief und sagte: „Der Castorf braucht morgen drei Pferde, die jodeln!" Er antwortete dann: „Ja, schon gut, das ist ein alter Witz, das sagt er immer, wenn er besoffen ist."

In vierzehn Magazinräumen ist der Fundus der Volksbühne untergebracht. Dort lagert alles vom Brathähnchen aus Gummi bis zu Totenschädeln, Winkelementen und Telefonen in allen Farben und Formen. Für die Arbeit des Requisiteurs gibt es ein klassisches Modell: Er liest das Textbuch, spricht mit dem Bühnenbildner, erstellt dann eine Requisitenliste, besorgt die Gegenstände und betreut die Vorstellungen. „Das mag es an manchen Häusern ja geben. Schön, aber langweilig. Ich habe sogar von Requisiten gehört, die Öffnungszeiten an der Tür stehen haben", überlegt Buchmann.

Seine Arbeitszeiten sind unregelmäßig, der Probenprozess verläuft grundsätzlich chaotisch und bringt für die Requisite jeden Tag neue Überraschungen. An der Volksbühne gehören die Requisiteure zum Regieteam. „Wir müssen mitdenken, wir stecken mit drin", sagt Georg Buchmann nicht ohne Stolz. „Man schlägt sich, weint, lacht, säuft zusammen. Nur so geht das, wir sind hier keine Abarbeitungsfirma."

Bärte frisieren, Beulen modellieren
Die Maskenbildnerinnen

Wie wird ein Schauspieler zur Leiche mit Kopfschuss? Wie sieht das Phantom der Oper privat aus? Maskenbildner können Auskünfte zu solchen Themen geben. Beim Theater, an der Oper, bei Film und Fernsehen sind sie für die Köpfe der Schauspieler zuständig. Sie schminken und frisieren die Künstler, aber das ist natürlich längst nicht alles. Sie modellieren Narben, Beulen und Wunden, stellen Perücken, Haarteile, Zöpfe und Bärte her. Maskenbildner geben einer deutschen Madame Butterfly asiatische Gesichtszüge. Sie können Menschen altern lassen und den Typ verändern.

„Manchmal muss ein Schauspieler aussehen, als wenn er auf der Straße lebt und seit vielen Jahren Alkoholiker ist", erzählt Brigitte Meyer-Brandenburg von den Herausforderungen in dem Beruf. Die Leiterin der Maske am Maxim Gorki Theater hat durch eine Schulfreundin die Liebe zum Theater entdeckt. „Ihre Eltern waren an der Staatsoper. Sie hat mich oft mitgenommen, und wir haben natürlich auch hinter die Kulissen geschaut", erinnert sie sich.

Nach der Schule bewarb sie sich damals beim Fernsehen der DDR und wurde erst einmal in die Friseurlehre geschickt, bevor die eigentliche Maskenbildner-Ausbildung in Dresden begann. Sie lernte dort viel mehr als das eigentliche Handwerk. Es gab auch Unterricht in Kunstgeschichte, Theaterwissenschaft, Kostümentwurf, Anatomie, Farblehre und Philosophie. Der Weg über die Friseurlehre ist üblich, wenn auch nicht mehr unbedingt notwendig. Seit 2002 ist der Beruf staatlich anerkannt, und es existiert eine dreijährige Ausbildung im dualen System. Berufsschulen gibt es in Berlin, Hamburg, Köln und Baden-Baden.

Aus dem Theaterfriseur früherer Jahrhunderte entwickelte sich der Maskenbildner. Der Beruf entstand erst mit dem Film und seinen wachsenden Anforderungen. Noch immer ist es vor allem ein Frauenberuf. Am Maxim Gorki Theater gibt es sechs Maskenbildnerinnen und einen Maskenbildner. Von etwa 40 Bewerbern auf eine freie Stelle sind ungefähr 85 Prozent weiblich.

Zwei Stunden vor der Vorstellung ist Brigitte Meyer-Brandenburg im Theater und bereitet sich vor, dreht die Locken in den Perücken ein, frisiert die Bärte und stellt alles Nötige an ihren Schminkplatz. Dann kommen vielleicht sechs oder sieben Schauspieler, die sie auf ihre Vorstellung vorbereitet.

Ihre jüngere Kollegin Katja Weinhold schätzt besonders die individuelle Arbeit am Theater. „Am Opernhaus herrscht mehr eine Art Massenbetrieb, da stehen eben manchmal 200 Menschen auf der Bühne, und für jeden Chorsänger bleiben nur fünf Minuten Zeit fürs Schminken und Frisieren", meint sie. Die Aufgaben der Maskenbildner sind an den verschiedenen Arbeitsplätzen recht unterschiedlich. Beim Film werden die Gesichter, die in Großaufnahme gezeigt werden, viel dezenter geschminkt als an der Oper, wo die Gesichtszüge über den Orchestergraben hinweg noch bis in die letzte Reihe erkennbar sein sollen.

Geregelte Arbeitszeiten gibt es am Theater natürlich nicht. Maskenbildner arbeiten abends, an Wochenenden, Weihnachten und Silvester – ganz, wie der Spielbetrieb es verlangt.

Der Arbeitstag endet erst nach dem Theaterabend mit dem Abschminken und den Nachbereitungen. Aber auch während der Vorstellungen ist die Maskenbildnerin gefragt. Da werden Schauspieler nachgeschminkt, sie bekommen die Haare zerzaust, eine blutige Nase oder ein blaues Auge verpasst. Das passiert im Bühnenvorraum, in der Requisite oder im Turm, je nachdem, wohin der Schauspieler den kürzesten Weg hat.

Natürlich geht nicht immer alles glatt. Mächtige Rokoko-Perrücken verrutschen oder Bärte fliegen ab. „Man hat immer Angst, dass man einen Umzug vergisst, dass das Blutkissen gar nicht oder zu früh aufgeht", sagt Katja Weinhold. Besonders spannend sind die Neuproduktionen, wenn die Köpfe der Figuren in enger Absprache mit dem Kostümbildner entstehen. Alles, was wichtig ist, wird mit Fotos ins Vorstellungsbuch eingetragen.

„Für mich ist Feingefühl die wichtigste Voraussetzung für den Beruf", sagt Katja Weinhold. Sie meint damit nicht nur das manuelle Fingerspitzengefühl, sondern auch das psychologische Geschick. Die Schauspieler, die vor der Vorstellung bei ihr sitzen, befinden sich in einer Ausnahmesituation. Manche kommen ganz knapp vorher, andere lassen sich schon eine Stunde früher in den Sessel fallen. Der Eine möchte sich dann in Ruhe sammeln, der Nächste will sich unterhalten, und der Dritte muss beruhigt werden. All das erspürt die Maskenbildnerin, denn eines ist klar: „Für uns steht der Schauspieler immer an erster Stelle!"

Historische Schnitte für strapazierfähige Stoffe
Die Gewandmeisterin

Da gibt es nichts zu schummeln. Man kann keinen Polohemdenstoff nehmen und glauben, er würde hinterher wie ein historisches Seidenkleid wirken." Wenn es um ihre Stoffe und Schnitte geht, verlangt Marianne Schmidt äußerste Präzision. Bei ihr gibt es keine kleinen Tricks und billigen Ersatz. Wenn sie einen Knappen einkleiden will, muss sie eben arbeiten wie die Schneider im Mittelalter. Die Leiterin der Kostümabteilung im Theater des Westens weiß genau, was die Fürstin im 18. Jahrhundert unter ihrem Rock getragen hat und wie die Leinen- und Baumwollstoffe bei den alten Römern verarbeitet wurden.

„Ein historischer Schnitt ist völlig anders als ein moderner. In jedem Jahrhundert gibt es eine ganz besondere Linienführung. Wenn man das nicht genau beachtet, sieht es einfach nicht historisch aus", erklärt Marianne Schmidt. „Man muss auch die richtigen Materialien nehmen. Früher gab es eben keine Kunststoffe." Sie arbeitet ganz traditionell mit Stäbchen und Stangen, Haken und Ösen. Natürlich wären Reißverschlüsse manchmal praktischer, vor allem, wenn sich die Darsteller blitzschnell umziehen müssen. Doch die historische Genauigkeit geht vor.

Marianne Schmidt arbeitet am Musicalhaus als Abteilungsleiterin, Gewandmeisterin und Kostümbildnerin. Erst machte sie eine normale Schneiderlehre. Mit sechzehn sah sie im Fernsehen einen Film über eine Gewandmeisterin und wusste sofort, dass sie das werden wollte.

Verschiedene Berufsgruppen arbeiten an den Kostümen für eine Theater-, Opern- oder Filmproduktion. Der Kostümbildner, der an einer Kunsthochschule studiert hat, entwirft die Kostüme. Er gibt seine Zeichnungen dem Gewandmeister, der eine Schneiderlehre und eine zweijährige Zusatzausbildung absolviert hat. Der Beruf ist vergleichbar mit dem der Schnittdirektrice in der Industrie. Der Gewandmeister schneidet die Kostüme zu, dann werden sie von den Theaterschneidern genäht. Zwei- bis dreimal müssen die Darsteller zur Anprobe kommen, bis alles hundertprozentig sitzt. Schließlich helfen die Dresser oder Ankleider, die im Notfall auch etwas nähen können, den Künstlern am Abend beim An- und Umziehen.

Die Gewandmeisterin muss alle Kostüme in Ordnung halten, ändern und jeden neuen Darsteller einkleiden. Für das Musical „Elisabeth" hat sie allein für die Titelrolle vierzig Kostüme im Fundus: „Elisabeth hat zehn Kostüme, und es gibt vier verschiedene Besetzungen. All diese Kostüme sind sehr wertvoll", sagt Marianne Schmidt stolz. Die meisten der nötigen Arbeiten werden im Theater erledigt, aber es gibt auch Besonderheiten wie die goldene Bouillonstickerei auf den Ministergehröcken, mit der sich nur Spezialisten beschäftigen.

In dem Filmklassiker „Vom Winde verweht" soll Scarlett 27 mehr oder weniger verschmutzte Versionen vom selben Kleid gehabt haben. So etwas kennt Marianne Schmidt vom Theater auch, vielleicht nicht ganz so extrem. Meist erfordern ihre Kostüme größeren Aufwand als beim Film. Vor allem haltbar müssen sie sein. Schließlich werden sie jeden Abend von Schauspielern, Sängern und Tänzern auf der Bühne strapaziert.

„Wir waschen täglich im Theater. Am spielfreien Montag

wird alles gereinigt. Auch das müssen die Kostüme aushalten", erzählt Marianne Schmidt. Beim „Tanz der Vampire" hatte sie das Problem, dass das Waschmittel zu scharf war. Aber es ist auch für die Wäscherei eine Herausforderung, die Fettschminke aus den Kostümen herauszubekommen. „Dazu kam das Blut, das den Vampiren aus den Mündern lief und ständig auf die Hemden tropfte. Sie hatten immer diesen Rotstich", erinnert sie sich.

Wichtig findet sie einen soliden „Unterbau". Die Unterkleider schützen die sichtbaren Stoffe. Wenn die Damen in Reifröcken tanzen, drehen sich bis zu 10 Meter Stoff mit großer Wucht auf der Krinoline. Manche dieser Kostüme sind bis zu 15 Kilo schwer. Damit die Tänzer in ihren Sakkos die Arme in die Luft werfen können, haben die Theaterschneider ihnen einen speziellen, keilförmigen Flicken unter den Arm genäht.

Jeden Morgen sieht Marianne Schmidt nach, was am Abend zuvor kaputt gegangen ist. Immer muss etwas nachgearbeitet werden. „Es ist ein Problem, wenn Uwe Kröger auf Elisabeth zurutscht und dann immer Löcher in den Knien hat. Der Bühnenboden ist ja nicht glatt, sondern wie ein Hauch von Sandpapier. Die Hose muss dann täglich repariert werden", sagt Marianne Schmidt.

Der Schnitt, der Stoff, die Bezugsquelle – alles ist genau in der sogenannten „Bibel" dokumentiert, die es für jedes Stück gibt. Ein Albtraum der Gewandmeisterin ist, dass ein Kostüm zerschlissen ist und das Material nicht mehr bestellt werden kann. Oder dass ein Kostüm auf einmal rot statt weiß ist, weil es in den falschen Wäschekorb geraten ist. „Bei ‚No, No, Nanette' ist uns so etwas einmal mit sämtlichen Kostümen einer Szene passiert." Und dann gab es da noch die geplatzte Naht von Helmut Baumann in „La Cage aux Folles", der sich in der Szene nicht mehr umdrehen durfte, weil das Kostüm von oben bis unten offen war. „Das ist schon ein toller, abwechslungsreicher Beruf", lacht Marianne Schmidt, „in dem man jeden Tag neue Probleme lösen darf."

Musikmöbelpacker und Mädchen für alles

Die Orchesterwarte

Der Orchesterwart hat immer eine Fliege in der Schublade liegen. Nur für den Fall, dass der Dirigent seine einmal vergisst. Er weiß auch genau, wo sich der nächste Copyshop befindet, weil es ja passieren kann, dass ein Geiger seine Noten zu Hause gelassen hat. „Noten zerreißen, Stühle fehlen, Strom fällt aus, Lampen gehen kaputt - alles kann geschehen", erzählt Uwe Timptner von der Staatskapelle. Mit seinen drei Kollegen sorgt er dafür, dass aus kleinen Fehlern keine schlimmen Pannen werden. Vor allem ist er dafür zuständig, dass der Auf- und Abbau der Instrumente, Stühle und Pulte auf der Bühne reibungslos funktioniert.

Beim klassischen Orchester ist der Orchesterwart etwa das, was der Roadie bei der Rockband ist: eine Mischung aus Musikmöbelpacker, Bühnenhandwerker und Mädchen für alles. Drei Stunden vor einer Probe oder einem Konzert beginnt die Arbeit. Schwere Instrumente wie Kontrabässe und Kesselpauken werden aus ihren Metalltransportkästen geholt. Die Orchesterwarte positionieren Schlagzeug und Celesta an der richtigen Stelle, fahren die Bühnenpodeste hoch, legen Stromkabel und stellen nach dem Plan des Dirigenten alles auf. Sie schließen aber auch die Garderoben auf, verteilen Mineralwasser und hängen Dienstpläne auf, bevor sie in die Hände klatschen und rufen: „Noch zehn Minuten bis zur Probe!"

Seit 2004 arbeitet Uwe Timptner als Orchesterwart im

Staatskapellen-Team, vorher war er Tänzer an der Staatsoper. „Ich hatte gesundheitliche Probleme mit den Knien. Als die Ärzte sagten, ich sollte lieber mit dem Tanzen aufhören, habe ich mich hier beworben", erklärt er. „Für mich ist es das Schönste, dass ich weiter bühnennah arbeiten kann." Es gibt in Deutschland keine Ausbildung zum Orchesterwart. Viele Wege führen in diesen ungewöhnlichen Beruf. In Berlin finden sich unter den Orchesterwarten ein ehemaliger Pförtner, ein Korrepetitor, ein Musikwissenschaftler, ein Rohrleger und ein Meteorologe.

Muskelkraft ist ebenso gefragt wie die Liebe zur Musik. „Es gibt zwei Typen von Orchesterwarten: den intellektuellen Musiker und den zupackenden Handwerker. Am besten läuft es, wenn man beide im lustigen Doppelpack hat", sagt Christian Schwärsky. Als Orchesterinspektor beim Rundfunk-Sinfonieorchester Berlin ist er der Chef der Orchesterwarte. Er macht die Planungen im Büro, krempelt aber auch oft selbst die Ärmel hoch: „Mit zwei Orchesterwarten sind wir unterbesetzt. Die meisten Orchester unserer Größe haben drei."

Seine Orchesterwarte kennen sich mit den Ansprüchen von Musikern bestens aus. Der eine war vorher Pianist, der andere Schlagzeuger in der aufgelösten Rias Big Band. Davor hatte er einen ehemaligen Dachdecker als Orchesterwart. „Einmal hat er die Noten ausgeteilt, und dann kam ganz aufgeregt der Trompeter, weil seine Mozart-Stimme fehlte. Wir hatten eine Riesenpanik in der Pause", erzählt Schwärsky. „Und was war passiert? Der Orchesterwart hatte die Clarino-Noten zu den Klarinetten gesteckt."

Am Opernhaus haben die Orchesterwarte besonders viel zu tun. Jeden Abend steht eine andere Oper auf dem Programm. Manchmal wird nicht nur der Orchestergraben vorbereitet, sondern auch die Bühnenmusik. Dazu kommen die Sinfoniekonzerte und zahlreiche Gastspielreisen in alle Welt. „Meine Bekannten beneiden mich immer, wenn ich nach Japan oder Amerika mitfahre. Dabei sieht man hauptsächlich die Konzerthäuser sehr intensiv von innen", meint Timptner.

Auf Reisen haben es die Orchesterwarte ständig mit unbekannten Räumlichkeiten zu tun. „Wir spielen dann immer das Überfallkommando", sagt Christian Schwärsky. „Wir stürmen die Halle und sehen nach, wo die Garderoben und die Toiletten sind, ob es eine Kantine gibt und wo wir die Instrumentenkisten abstellen können. Wenn wir dann wissen, wo der Fahrstuhl und die Laderampe sind, rennen die Jungs auf die Bühne. Alles muss ganz schnell gehen."

Nie ist man in den fremden Ländern vor Überraschungen sicher. Schwärsky erinnert sich mit Schrecken an das Theater in der chinesischen Provinz, an dem es keine Notenpulte gab: „Die Chinesen hatten sie vergessen. In letzter Minute kamen dann ganz viele Päckchen an. Da hatten sie die Pulte schnell gekauft."

„Orchesterdiener" hieß der Beruf früher. Das Tätigkeitsfeld ist das gleiche geblieben. „Wir sorgen dafür, dass sich die Musiker wohl fühlen und gut spielen können", sagt Uwe Timpner. „Als ehemaliger Tänzer weiß ich genau, wie wichtig das ist. Wir hatten ja auch unsere Ankleider oder Maskenbildner."

Nichts bleibt dem Zufall überlassen. Was der Orchesterwart auf die Bühne stellt, richtet sich nach der Besetzung der Musikstücke, den Wünschen des Dirigenten und den Bedürfnissen der Musiker. Streicher brauchen Platz in der Breite, Bläser dürfen nach vorn nicht beengt werden. Die Bassisten haben gern Ablageflächen für Putztuch und Kolophonium, der Oboist für sein Schnitzmesserchen. Der Orchesterwart ist ein wichtiges

Bindeglied zwischen dem Büro und den Musikern. Es muss flexibel und präzise sein, Noten fachgerecht kleben können, darf sich aber auch für Botengänge und Chauffeurdienste nicht zu schade sein. „Man muss sich für all das interessieren und das nötige Feingefühl für die Künstler haben", findet Uwe Timptner. „Man muss sich richtig reinknien. Dann ist es erfüllender als andere Berufe."

Mit Schreckschusspistolen oder Trickdolchen
Der Rüstmeister

Wenn es blitzt und funkt, wenn Klingen klirren und Schüsse knallen, ist Andreas Krellmann nicht weit. Der Rüstmeister der Deutschen Oper Berlin ist für Waffen und Pyrotechnik verantwortlich. Gemeinsam mit seinem Kollegen Arkadiusz Duch ist er der Herr über die „Waffenkammer" des Opernhauses. Sie beherbergt Gewehre, Pistolen, Revolver, 300 Schwerter, 150-200 Degen, knapp 100 Säbel, Schilde, Helme und Rüstungen.

„Alles ganz harmlos", beschwichtigt der Leiter der Rüstmeisterei mit sanfter Stimme. Er wirkt alles andere als martialisch. „Unsere Schwerter sind so gefährlich wie Besenstile. Sie sind alle stumpf. Natürlich haben sie ein gewisses Gewicht. Wenn man zwei, drei kräftige Schläge damit ausführt, geht die Klinge kaputt." Auch scharfe Schusswaffen haben im Theaterfundus nichts zu suchen. Die Rüstmeister verwenden gern Soft-Air-Guns. Wenn der ganze Opernchor mit Waffen ausgestattet werden muss, kommen diese Automatik-Pistolen zum Einsatz, die frei verkäuflich sind und sehr „echt" aussehen. 52 von ihnen verteilt Andreas Krellmann vor jeder Aufführung von „Luisa Miller".

„Wir haben nur legale Waffen", betont der Rüstmeister. „Das BKA könnte ja jederzeit vorbeischauen und sich die Bestände zeigen lassen. Die Büchsenmacher haben unsere Gewehre alle zugeschweißt, damit man definitiv nichts, nicht einmal

Platzpatronen verschießen kann." Und wenn doch geschossen werden muss? „Dann stehen wir mit Schreckschusspistolen auf der Seitenbühne", antwortet Krellmann. Manchmal lässt er auch den Regieassistenten oder Inspizienten schießen, wenn die Aktion präzise auf den Punkt erfolgen muss. In jedem Fall steht er als Verantwortlicher daneben und achtet auf die Sicherheitsabstände.

„Rüstmeister ist ein aussterbender Beruf", meint Andreas Krellmann. „Bis vor 20 Jahren gab es noch eine Ausbildung. Jetzt kann man ihn nur durch Erfahrung, durch das Interesse an Waffen und die Liebe zum Theater erlernen." Manche Rüstmeister haben vorher als Feinblechner, Schlosser oder Goldschmiede gearbeitet. Er selbst ist gelernter Holzkaufmann, war aber zehn Jahre lang als Veranstaltungstechniker angestellt. Er hat die Bühnen mit Licht und Ton für große Rockkonzerte und Tourneen eingerichtet. Dann hat er sich auf die Stelle des Rüstmeisters an der Deutschen Oper beworben. „Es war für mich Zeit, etwas Stationäres zu machen. Über Opern habe ich damals nicht viel gewusst, aber das hat sich inzwischen geändert", sagt Krellmann.

Nicht an jedem Theater und Opernhaus gibt es einen Rüstmeister. Oft sind die Requisiteure für die Waffen verantwortlich und die Lichttechniker für das Feuerwerk. Für den Bedarf beim Film gibt es spezialisierte Firmen, die Waffen mit Personal vermieten. Für die Vorstellungen der Deutschen Oper wird alles Nötige gekauft oder aus alten Beständen umgearbeitet. Die Rüstkammer gehört als eigene Abteilung zu den Kostümwerkstätten.

Eine Waffenausbildung braucht Andreas Krellmann nicht, aber um den Titel Pyrotechniker zu bekommen, musste er einen Lehrgang absolvieren. „Natürlich dürfen wir nicht vorbestraft sein und müssen nach sämtlichen Gesetzen für unbedenklich befunden werden", erklärt er. „Schließlich arbeiten wir mit Sprengstoffen." Alle fünf Jahre informiert er sich in einem Weiterbildungskurs über die neusten Entwicklungen. Wenn im Schlachtengetümmel ein richtiger Feuerstoß aus dem Gewehr kommen soll, sind dafür heute kleine Effekte vorgesehen, die auf Knopfdruck eine Zündflamme produzieren. Früher hat man Pyropapier in den Lauf gesteckt und mit einem Zünder versehen.

„Wenn abends mal keiner erschossen und erschlagen wird, sondern nur vergiftet, können wir zu Hause bleiben", erzählt der Rüstmeister. Tagsüber hat er in seiner Werkstatt genug zu tun. Rüstmeister brauchen handwerkliches Geschick und Erfindungsgeist. Bei Neuproduktionen arbeiten sie den Bühnen- und Kostümbildnern zu. Sie sind für die Herstellung, Pflege und Reparatur von Waffen, aber auch Fahnen, Kronen, Gürteln und Handtaschen zuständig. Rüstmeister fertigen nicht nur Trickdolche und zerbrechliche Schwerter, sondern auch Krinolinen für Reifröcke und Gestelle für Kopfputze. Sie arbeiten keineswegs nur mit Metall. Schließlich bestehen die Schwerter oft aus bemaltem Holz und die Rüstungen aus Leder und Filz. „Wir schmieden hier keine Klingen und reparieren keine Elektrogeräte, aber sonst machen wir alles selbst", meint Andreas Krellmann.

Im Frühjahr 2005 hat es in der Rüstkammer der Deutschen Oper gebrannt. Zum Glück war die Pyrotechnik in ihrem speziell gesicherten Schrank nicht betroffen, doch viele Holzwaffen und Lederrüstungen gingen verloren. Feuer bereitet dem Rüstmeister auch auf der Bühne die größten Sorgen. „Wir machen ja genau da Feuer, wo es sonst absolut verboten ist: in Innenräumen auf Holzbühnen", überlegt er. Auf der Bühne ist noch nie etwas passiert, auch wenn Krellmann Feuerfontänen sprühen lassen muss, die von allein ausgehen und sich wieder entzünden.

Immer wieder brechen Klingen auf der Bühne, allerdings meist nicht im Kampf, sondern weil sich jemand aus Versehen darauf setzt. Der Rüstmeister muss dann schnell für Ersatz sorgen. Manchmal flickt er auch rasch einen Panzer während der Vorstellung. „Ich habe hier etwas gefunden, was mir sehr viel Spaß macht", sagt Andreas Krellmann, „wofür es sich lohnt, jeden Morgen aufzustehen."

In der Schaltzentrale
Das Künstlerische Betriebsbüro

In Windeseile besorgt sie Manschettenknöpfe, wenn der Pianist seine vergessen hat. Oder auch einen ganzen Frack, wenn der Dirigent aus Versehen den Smoking eingepackt hat. Regine Bassalig düst mit vergessenen Noten zum Flughafen und sucht einen englischsprachigen Babysitter für den kleinen Sohn einer Solistin.

Die Leiterin des Betriebsbüros des Deutschen Symphonie-Orchesters (DSO) kümmert sich um alles. Sie ist für die großen und kleinen organisatorischen Fragen zuständig, erstellt Probenpläne, mietet Säle, bucht Hotels und holt die Gastmusiker vom Flughafen ab. Sie muss wissen, wo in Gustav Mahlers Auferstehungssinfonie das Fernorchester platziert wird und eine kompetente Gesprächspartnerin für Orchesterdirektor und Tontechniker sein, aber sie schleppt auch Mineralwasserkisten in die Garderoben.

„Langweilig wird es bei uns nie, vor allem, wenn Neue Musik auf dem Spielplan steht", lacht sie fröhlich und erinnert sich an die Teppichklopfer, Sensen, Kopfkissen, Koffer, klingenden Bierflaschen und knallenden Papiertüten, die für die Aufführungen von zeitgenössischen Werken schon gebraucht wurden. „Wenn Sie versuchen, pressluftgetriebene Fußballtröten zu besorgen, bekommen Sie die merkwürdigsten Kontakte, weil die eigentlich verboten sind", schmunzelt Regine Bassalig.

In Theatern, Opernhäusern und bei Orchestern ist das Künstlerische Betriebsbüro die Schaltzentrale. Hier laufen alle Informationen über Proben und Aufführungen, Gastspiele und Sonderveranstaltungen, Urlaubsplanungen und Krankmeldungen zusammen. Das KBB koordiniert den Einsatz der Künstler, die Belegungen der Räume und Bühnen. Wer hier arbeiten will, braucht Repertoire- und Fremdsprachenkenntnisse, Organisations- und Improvisationstalent, Einfühlungsvermögen, Flexibilität und gute Nerven.

„Das Wichtigste ist, immer ansprechbar zu sein und nie jemanden abzuwimmeln", meint Regine Bassalig. „Wenn man die Musiker nur als Problemverursacher sieht, ist man falsch in diesem Job." Es gibt keine Ausbildung, die ins KBB führt. Dort arbeiten musik- und theaterliebende Quereinsteiger. Regine Bassalig hat als studentische Hilfskraft bei den Berliner Festwochen gejobbt und ihr Interesse an der Arbeit im Künstlerischen Betriebsbüro entdeckt.

Noch farbenfroher ist der Werdegang von Margit Weber, die das KBB der Deutschen Staatsoper leitet. Sie hat bei IBM eine Ausbildung als Budget Analyst abgeschlossen, dann Musikwissenschaft und Gesang in Wien studiert, in Künstleragenturen und als persönliche Referentin von Götz Friedrich am Theater des Westens gearbeitet, bevor sie im KBB der Deutschen Oper anfing. Sie liebt es, im Auge des Hurrikans zu sitzen, Ansprechpartnerin für alle zu sein.

Anfang des Jahres bekommt sie vom Operndirektor die Pläne für die Neuproduktionen und Repertoirevorstellungen der nächsten Spielzeit, die sie dann mit ihren beiden Mitarbeiterinnen im Detail organisiert. Sie legt mit der Technik und der Regie fest, wer wann auf die drei Probebühnen darf. Jeden Dienstag stellt sie ihre Feinplanung auf der Regiesitzung vor. Sie organisiert auch Vorsingen, prüft Verträge und redigiert Spielplanpublikationen. Zwischendurch kümmert sie sich immer wieder um die Sorgen der Ensemblemitglieder und Gastsänger. „Alles landet hier", erklärt Margit Weber.

Natürlich kennt sie sich im Tarifrecht und Arbeitsrecht aus und berücksichtigt die strikten Ruhezeiten, etwa für Chorsänger. Fünf Stunden müssen zwischen Probe und Vorstellung liegen, vier Stunden zwischen zwei Proben. „Mit den Solisten kann man vieles flexibler und großzügiger absprechen und planen. Am unkompliziertesten sind die wirklichen Stars", sagt Margit Weber, und der Meinung schließt sich auch ihre Kollegin vom Deutschen Symphonie-Orchester an.

Nur hin und wieder gibt es Sonderwünsche wie ein Bett in der Garderobe oder ein Fitnessraum im Hotel. Es gibt Allergiker, für die unmittelbar vor dem Auftritt die Bühne gewischt werden muss. Oder Sänger, die einen italienisch sprechenden Arzt brauchen. „So etwas organisieren wir doch gerne", sagt Margit Weber. Die eigentlichen Herausforderungen liegen anderswo.

Wenn Sänger kurzfristig ausfallen, sind die besonderen Fähigkeiten und Erfahrungen ihres Teams gefragt. Dann gilt es, im eigenen Archiv und im Internet herauszufinden, wer die Partie auf vergleichbarem Niveau übernehmen könnte. „Natürlich passiert es auch gerne am Wochenende, dass jemand krank wird. Ohne die Handynummern von KBB-Kollegen anderer Häuser und Künstleragenten geht dann gar nichts", erklärt Margit Weber. Manchmal wird es wirklich knapp. Am ersten Weihnachtsfeiertag kam eine Absage der Donna Elvira, und das Staatsopern-KBB fand tatsächlich eine Ersatzsängerin, die um sechs Uhr früh im süditalienischen Bari ins Flugzeug stieg, um 13 Uhr in Berlin landete, sofort das Kostüm ändern ließ, den ganzen

Nachmittag probte und abends die Vorstellung rettete.

„Es ist ein toller Beruf, jeder Tag ist spannend, und man kann sich beweisen", freut sich Margit Weber. Eine 40-Stunden-Woche hat sie nicht, und sie hat auch an vielen Sonn- und Feiertagen nicht frei. Natürlich klingelt zu Hause das Telefon, wenn es ein Problem in einer Opernvorstellung gibt. Richtig entspannt ist sie nur in einem Fall: wenn abends eine Ballettvorstellung läuft.

Dramatische Momente im Zuschauerraum
Der Theaterarzt

Die „Hochschwangere mit Blutungen" geht ihm nicht aus dem Kopf. Als der Theaterarzt ihretwegen ins Foyer gerufen wurde, bekam er schon einen gehörigen Schreck. Als Geburtshelfer hatte der Radiologe Dr. Klaus Schuster noch nicht gearbeitet, schon gar nicht während einer Theatervorstellung. „Glücklicherweise stellte sich dann heraus, dass mit dem Kind alles in Ordnung war und die junge Frau nur Nasenbluten hatte", schmunzelt der Doktor.

Er hat schon viele dramatische und bewegende Momente im Theater erlebt. Nicht auf der Bühne, sondern im Zuschauerraum. Drei oder vier Herzanfälle gehören dazu. Auch Asthmaattacken und epileptische Anfälle kommen vor. Der tödliche Herzinfarkt des Dirigenten Giuseppe Sinopoli im Orchestergraben der Deutschen Oper war glücklicherweise eine Ausnahme. Meist sind es Kleinigkeiten, die die Theaterärzte zu behandeln haben. „Kritisch ist immer der Moment, in dem das Licht im Saal ausgeht und ein paar Nachzügler hastig ihre Plätze einnehmen", weiß Schuster. Wenn dann jemand strauchelt oder fällt, ist er mit seinem Arztköfferchen schon unterwegs.

Einige Schauspieler sind schon von der Bühne gefallen. Hexenschüsse treten nicht nur bei „Macbeth" oder „Hänsel und Gretel" auf. Es gibt Wespenstiche, Prellungen und verstauchte Knöchel. „Ich bin seit Jahrzehnten Theaterarzt und gehe zwei Mal die Woche ins Theater", sagt Schuster. „Ich hatte Jahre, in denen überhaupt nichts passiert ist – und dann fünf Einsätze in einer einzigen Vorstellung." An heißen Tagen muss der Theaterarzt mit Kreislaufstörungen rechnen. Das ältere Opernpublikum braucht ihn häufiger als die jungen Volksbühnen-Zuschauer.

Den Schauspielern eilt er öfter zu Hilfe als den Zuschauern. „Sie verletzen sich zum Beispiel beim Fechten. Aber sie wollen unter allen Umständen weiterspielen. So ist nun einmal ihre Mentalität", erzählt der Doktor. Einmal musste er den gebrochenen Arm einer Schauspielerin schienen – mit Improvisationskunst und einem gefundenen Brettchen. Dann sagte er ihr, sie dürfe den Arm nicht hängen lassen. Mit einem Lächeln erinnert er sich daran, wie sie die ganze restliche Vorstellung über den Arm „unauffällig" nach oben hielt.

Beruhigungspillen gegen Lampenfieber sind gefragt. Manchmal hilft es kränkelnden Schauspielern, wenn der Theaterarzt hinter den Kulissen in Bereitschaft steht. „Placebos habe ich auch immer dabei. Das wissen die Schauspieler natürlich nicht, aber sie helfen sehr gut", meint der Doktor.

Dr. Klaus Schuster hat jahrelange Erfahrungen in der Notfallmedizin. Das ist natürlich sehr hilfreich, aber keine Bedingung für den Einsatz als Theaterarzt. In Berlin ist die einzige Voraussetzung die Approbation. Für das Ehrenamt gibt es keine Vergütung, aber zwei Freikarten. „Ich kenne viele Kollegen, die sich dem Nervenstress nicht aussetzen wollen und lieber ihre Theaterkarten kaufen", sagt Schuster.

Er selbst hat 1975 am Wenckebach-Krankenhaus in Tempelhof angefangen und dort Kollegen kennen gelernt, die die Theaterarzt-Einsätze für die Schaubühne verteilten. Etwa sechs Wochen vor den Vorstellungen konnte man sich in eine Liste eintragen, und die Möglichkeit hat der junge, theaterbegeisterte Arzt gern genutzt. Später kam der Admiralspalast dazu. „Sie wollten erst keinen Theaterarzt, haben es sich aber schnell anders überlegt, nachdem sie wegen Bagatellen ein paar Mal die Feuerwehr holen mussten", erklärt Schuster.

Längst besetzt er selbst die Vorstellungen der Schaubühne und des Admiralspalasts mit Ärzten. Er hat sein Ehrenamt auch behalten, als er sich 1990 als Radiologe niederließ. Ein Dutzend ständige und 50 sporadische Theaterärzte hat er in seiner Kartei. Fünf oder sechs Arztkollegen übernehmen die Verteilung für andere Berliner Theater, Opern- und Konzerthäuser. Natürlich tauschen alle gern ihre Vorstellungen miteinander aus. Ein „Obertheaterarzt" wie Schuster kennt alle Theater von innen.

Die Theaterarzt-Verteilung ist in Deutschland nicht einheitlich geregelt. In Hamburg werden die Ärzte zentral vom „Deutschen Bühnenverein" vermittelt, der etwa 800 Mediziner in seiner Kartei hat. In München werden die Plätze teils von „Kontaktärzten", teils vom Gesundheitsreferat der Stadt vergeben. In Aachen teilt die Kreisstelle der Ärztekammer die Theaterdienste ein. In anderen Städten besetzen die Häuser ihre Vorstellungen selbst. Bei großen Veranstaltungen stellen Hilfsorganisationen wie das Rote Kreuz ganze Rettungsmannschaften mit Notärzten zusammen. Was die Ärzte ins Theater mitbringen, bleibt ihnen selbst überlassen. Manche bringen einen kompletten Notfalleinsatzkoffer mit, bis hin zum Intubationsbesteck.

In einigen Theatern gibt es ein Arztzimmer. In der Deutschen Oper hat Klaus Schuster dort schon einmal eine alte Dame auf der Liege vorgefunden. Sie empfing ihn mit den Worten: „Ich bin nicht krank, aber drei Opernakte halte ich einfach nicht mehr durch. Während des zweiten Akts lege ich mich hier immer gern hin." Auch der Herr Doktor hat die Theaterpritsche schon genutzt, wenn er sehr müde von seiner eigentlichen Arbeit kam. „Aber das ist ja das Schöne an diesem Ehrenamt", überlegt der Doktor. „Es sorgt dafür, dass ich trotz meines anstrengenden Berufs meiner Leidenschaft fürs Theater nachgehe. Es hilft mir immer wieder dabei, meinen inneren Schweinehund zu überwinden."

Sicherheit wird groß geschrieben
Der Technische Inspektor

Ein Erdbeben wütet in der Schaubühne. Der Boden wackelt, und die Wand steht in Flammen. Vom Film sind die Zuschauer heute jede Menge Action gewöhnt. Das Theater will dem nicht nachstehen. Wirklich gefährlich darf es natürlich nicht werden. „Die Wand besteht aus nicht brennbarem Material, und darüber gibt es für alle Fälle eine Löschanlage", erklärt Helmut Müller.

Der Technische Inspektor ist für Technik und Sicherheit verantwortlich. Er sorgt dafür, dass das Messer der Guillotine stumpf ist und auch gar kein menschlicher Kopf darunter passt. „Sonst könnte ein depressiver Schauspieler nachts ja auf dumme Gedanken kommen", schmunzelt Müller. Manchmal setzt er Schauspieler auf der Bühne in Brand. Einmal musste er in einer dramatischen Aktion einen Darsteller oben auf dem Theaterdach anzünden. „Das war hart", erinnert er sich, „denn er hatte danach noch eine ganze Minute Text zu sprechen."

Wenn sich ein Schauspieler eine Strumpfhose um den Hals bindet und sich daran aufhängt, kann man keinen Schnitt machen wie beim Film. Er hängt dann zehn Minuten lang auf der Bühne, ohne dass der Hals blau anschwellen und die Gliedmaßen absterben dürfen. „Man muss das üben", sagt der Inspektor, der manchmal auch Stuntleute aus Babelsberg holt, wenn die Schauspieler lernen müssen, wie man sich aus drei Metern Höhe in Pappkartons fallen lässt. Er liebt es, an fantasievollen Theaterillusionen mitzuwirken: „Wenn man ins Theater geht, möchte man betrogen werden. Je besser der Betrug läuft, desto schöner ist der Abend."

Halten die Geländer, wenn es brennt und eine Panik ausbricht? Sind die Gänge breit genug? Helmut Müller ist der Mann, der auf alles eine Antwort wissen muss. „Ich mache alles, was erst einmal nicht bedacht wird – vom Einholen der Genehmigungen bis zum Einweisen der Feuerwehr", meint er. „An der Schaubühne sind Bühne und Zuschauerraum völlig flexibel und werden für jede Produktion neu eingerichtet. Deshalb müssen wir immer wieder Bauanträge stellen, die mehr oder weniger einem Theaterneubau entsprechen."

Die Wartung der gesamten Bühnentechnik gehört zu seinem großen Aufgabengebiet. Von der Sprinkleranlage bis zum Notstrom sorgt Müller für den technisch einwandfreien Zustand des Theaters. Vor den Vorstellungen muss er eine „Gefährdungsbeurteilung" schreiben. Er muss aber auch zaubern können, wenn der Regisseur sich einen Flügel wünscht, der sich wie von selbst auf der Bühne bewegt. „Die Künstler haben die Ideen, und wir Techniker wissen, wie es geht. An der Stelle macht der Beruf dann richtig Spaß", freut sich der Inspektor. Ein Nein gibt es nicht, das ist ein ungeschriebenes Theatergesetz. „Wenn irgend möglich, wollen wir alle Visionen der Künstler umsetzen."

Als Bühnentechniker hat Helmut Müller 1981 an der Schaubühne angefangen. Seine Theaterkarriere führte über die Stationen Vorarbeiter, Bühnenmeister und Oberbühnenmeister. Über dem Technischen Inspektor gibt es noch den Technischen Leiter. In Müllers Beruf lernt man nie aus. Die Bühnentechnik entwickelt sich immer weiter, und er hat auch noch eine Prüfung als Fachkraft für Arbeitssicherheit abgelegt. Mit vielen Gesetzen und Vorschriften muss er sich auskennen – auch mit den ausländischen, weil manche Produktionen auf Tournee gehen.

Theaterinspektoren wie Friedrich Gottlieb Schadow und Carl Wilhelm Gropius hatten im 19. Jahrhundert die Kontrolle über Maschinerie und Dekoration. Heute gibt es an der Schaubühne neben dem Technischen Inspektor noch den Bühneninspektor, der die Dienstpläne schreibt und die Techniker einteilt, und den Hausinspektor, der im Vorderhaus für defekte Glühbirnen und tropfende Wasserhähne zuständig ist.

„Wenn wir einen Schauspieler in zehn Metern Höhe an einen Haken an die Wand hängen und er herunterfällt, bin ich verantwortlich", sagt Helmut Müller über die Schattenseiten seines Berufs. „So etwas passiert wirklich. Immer wieder fällt jemand bei Drehbühnen-Umbauten in den Schacht, und alle zwei, drei Jahre brennt ein Theater ab." Vor einigen Jahren hat ein Sänger in Bern den Theaterinspektor verklagt, weil er nach einem Schuss in einer „Tosca"-Aufführung ein Knalltrauma erlitten hat.

„Früher galten solche Arbeitsunfälle als Kavaliersdelikte, heute nimmt man sie sehr ernst", erklärt Müller. Ihn hat bisher noch niemand verklagt, aber er hat auch schon erlebt, dass ein Schauspieler bei einer Vorraufführung in ein tiefes Loch gestürzt ist und dass eine 80 Kilo schwere Beleuchtungs-Anlage von einem Hubwagen polterte und direkt vor den Füßen einer Mitarbeiterin landete.

Manchmal ärgert sich Helmut Müller über Vorschriften. Über die Sache mit den drei Krähen zum Beispiel, die in einem Stück mitspielen sollten. Mit dem Eintreffen der Vögel stand auch das Veterinäramt vor der Tür und erklärte, die Tiere unterlägen dem Artenschutz und die Zurschaustellung von Wirbeltieren sei ohnehin nur bedingt möglich. „Schauspieler darf man dann eigentlich auch nicht zeigen", scherzt Müller. „Geärgert hat mich die absurde Drohung: ‚Wenn die Krähen nicht gleich wieder abgeholt werden, holen wir sie ab und schläfern sie ein.' Eine seltsame Art von Tierschutz war das."

Als ein anderes Mal ein Regisseur eine Eule auf der Bühne wollte, bastelte der Requisiteur einen täuschend echten Vogel. „Den durften wir aber auch nicht nehmen", erinnert sich Müller, „denn die Zuschauer hätten ihn ja für einen ausgestopften Vogel halten können." Nach fast drei Jahrzehnten gibt es wenig, über das sich Helmut Müller noch wundert. „Aber eigentlich ist das doch das Tolle", überlegt er. „Die ganzen verrückten Sachen machen den Reiz an der Arbeit aus."

Goldgräber und Denkmaschinen

Die Dramaturgen

Was erzählt man sich über Dramaturgen? Es sind Menschen, die zu viel lesen und zu wenig schlafen. Sie sind die „Denkmaschinen" des Theaters. Böse Zungen behaupten: Um Dramaturg zu werden, muss man etwas von der Lust der Zitrone daran haben, sich auspressen zu lassen. Der Aufgabenbereich ist groß. Der Dramaturg sichtet und bearbeitet Stücke für den Spielplan, erforscht die Hintergründe der Werke, schreibt darüber in Programmheften und anderen Publikationen und unterstützt den Regisseur bei der Produktion. Dann gestaltet er Einführungen, Publikumsgespräche oder andere begleitende Veranstaltungen.

Seit einigen Jahren gibt es „Dramaturgie" als eigenständiges Fach an Hochschulen und Universitäten, etwa in München, Frankfurt und Leipzig. Auch das Studium der Theater- oder Musikwissenschaft kann in den Beruf führen. Weit verbreitet sind aber noch immer theaterbegeisterte Quereinsteiger. „Einige meiner Kollegen sind Juristen, Historiker, Germanisten oder Soziologen", überlegt Andreas K. W. Meyer, der Chefdramaturg der Deutschen Oper Berlin. Er selbst hat erst Komposition und dann Musikwissenschaft studiert. Er arbeitete als Kritiker, bevor er ans Opernhaus wechselte.

„Was gab es in der Vergangenheit des Hauses? Was müsste dringend wieder einmal aufgeführt werden? Solche Fragen stelle ich mir ständig", meint Meyer. Eine ganze Reihe von vergessenen Opern hat er schon ausgegraben. Besonders stolz ist er auf die Wiedererweckung von Franco Alfanos „Cyrano de Bergerac", „Die Liebe der Danae" von Richard Strauss und „Jeanne d'Arc" von Walter Braunfels. „Man entdeckt plötzlich in einem Lexikonartikel eine heiße Spur, einen roten Faden, der zu einem spannenden Stück führt, hält irgendwann das Libretto in der Hand und lässt sich den Klavierauszug kommen", erzählt der Operndramaturg. Wenn er die Rarität viel später wirklich erstmals auf der Bühne erlebt, sagt er sich: „Dafür lohnt sich das ganze Theater."

In den ersten Jahren hat er den Fehler gemacht, ständig zu den Proben zu gehen. „Das führt dazu, dass man alles nur noch toll findet", sagt Andreas Meyer. Er findet es wichtig, das richtige Maß an Distanz zu wahren. Schließlich ist der Dramaturg auch der erste Kritiker, der nach einer Reihe von Proben sagen können muss, wo etwas noch nicht stimmt, woran noch gearbeitet werden sollte. Mit manchen Regisseuren ist die Zusammenarbeit sehr eng, mit anderen weniger. „Einige sind extrem dankbar für alle Ideen und Vorschläge, während Regisseure aus dem angelsächsischen Raum manchmal nicht wissen, was sie mit uns anfangen sollen", meint der Chefdramaturg. „Sie sind eben nicht mit der Tradition aufgewachsen."

Dramaturgen gibt es vor allem in Deutschland, der Schweiz und Österreich. In anderen Ländern werden sie nur vereinzelt für manche Produktionen verpflichtet. Gotthold Ephraim Lessing gilt als erster Dramaturg der Theatergeschichte, in der „Hamburgischen Dramaturgie" umriss er seine Aufgaben am Nationaltheater. Auch Ludwig Tieck, Karl Immermann und Heinrich Laube waren einzelne frühe Vertreter des Berufs, der sich erst im 20. Jahrhundert verbreitete.

Im Maxim Gorki Theater sitzt die Chefdramaturgin Andrea Koschwitz über dem Text von Henrik Ibsens „Peer Gynt". „Mein Liebesspiel ist ein beseitigter Kittel. Zu Krebsgang hab' ich nicht Lust noch Grund", ist so eine Passage, die sie für den heutigen Zuschauer nicht stehen lassen will. „Mein Liebesspiel ist wie ein Film ohne Titel", hat sie in ihrer Neuübertragung geschrieben. Die Arbeit an den Texten ist ihre große Freude. Vorher hat sie sechs Jahre lang an der Volksbühne gearbeitet, da hat ihr das gefehlt: „Bei Frank Castorf sind die Texte ja nicht so wichtig. Ganz allgemein hat die Bedeutung der Texte im Zeichen des Dokumentationstheaters und der Performance in den letzten Jahren abgenommen", sagt sie bedauernd.

Seit 1994 arbeitet sie als Schauspieldramaturgin. In der Zeit hat sie viele wechselnde Theater-Moden erlebt. „Die Zeiten sind schnelllebiger geworden. Heute wird mehr produziert und der Erfolgsdruck ist größer geworden", meint sie. Am Gorki ist sie für die Spielplangestaltung und die Profilierung des Hauses in der Berliner Theaterszene mit verantwortlich.

„Wir wollen junge Autoren fördern, einen Stamm von Regisseuren aufbauen, uns mit bestimmten Themen befassen. Meine Hauptarbeit ist es, das Konzept des Theaters mitzuprägen", erklärt Koschwitz. Regelmäßig trifft sie sich zum Gespräch mit jungen Schriftstellern. Sie schreibt Pressemitteilungen und Inhaltsangaben für Theaterpädagogen. Viel Zeit hat sie in Bibliotheken und Archiven verbracht, um Urtexte und Sekundärliteratur zu lesen.

Am liebsten betreibt sie aber „Goldgräberdramaturgie", arbeitet Bücher oder Filme zu Bühnenstücken um. Herta Müllers „Herztier" ist so ein Fall. Der Roman liegt mit vielen roten Unterstreichungen und durchgestrichenen Seiten auf ihrem Tisch. Dem Albert in Goethes „Die Leiden des jungen Werther" hat sie Texte aus einem Brief von Lichtenberg in den Mund gelegt.

„Manchmal macht es richtig Spaß", sagt sie und fängt an zu lachen: „Ist doch toll, wenn man Goethe verbessern darf."

Lichtgestalt mit 100 Scheinwerfern
Der Beleuchter

Mit einem Bein steht er auf der Leiter, mit dem anderen auf der Scheinwerferstange. Da wird einem schon vom Zuschauen schwindelig. „Ein bisschen beweglich muss man in dem Beruf wohl sein", lacht Manfred Esch. „Aber viel wichtiger sind natürlich die elektrotechnischen Kenntnisse und die Theaterbegeisterung." Der Beleuchter am Renaissance-Theater hat schon viele spannende Jahre in seinem Beruf verbracht.

Lichtgestalten wie Manfred Esch arbeiten in Theatern, Opern, Film- und Fernsehstudios. Auch in einem kleinen Haus wie dem Renaissance-Theater spielen bei jeder Vorstellung 80 bis 100 Scheinwerfer mit. Für jede Premiere muss alles neu eingerichtet werden. „Erst bekommen wir das Manuskript. Daran sehen wir, ob die Szenen drinnen oder draußen, morgens oder abends spielen, wie viele Scheinwerfer und welche Farben wir brauchen", erzählt der Beleuchter.

Gibt es ein Fenster, das simuliert werden muss oder andere besondere Lichteffekte? Bei den ersten Proben bespricht der Beleuchtungsmeister alles mit dem Regisseur und dem Bühnenbildner. Wenn ein Wohnzimmer-Regal mit Lampen auf der Bühne stehen soll, muss die Werkstatt wissen, wo sie die Löcher lassen soll. Manchmal realisieren die Beleuchter spezielle Ideen des Bühnenbildners wie einen Plexiglastisch mit eingebauten regelbaren Leuchtstoffröhren. „Bei den Endproben bieten wir dann an, was wir uns ausgedacht haben. Auch bei den Beleuchtungsproben mit den Schauspielern wird noch dies und das ausgebessert", sagt Manfred Esch.

Elektromonteur hat er ursprünglich gelernt. Schon immer wollte er zum Theater, allerdings nicht auf, sondern hinter, neben und über die Bühne. Seine Mutter war beim Fernsehen, dort hat er seine Ausbildung gemacht. Sein Vater war Geiger im Staatlichen Folkloreensemble der DDR, da fand er seine erste Anstellung als Beleuchter. Der Tourneebetrieb war ein Knochenjob mit viel Schlepperei: „Da hat jeder alles getragen, von den Scheinwerfern bis zur Kesselpauke." Es folgten zwei Jahre beim Deutschen Theater und vier Jahre im Friedrichstadtpalast. „1984 stellte ich einen Ausreiseantrag, damit war mein Job dann erledigt", erinnert er sich. Als Verkäufer und als Atelierhilfe bei einer Bildhauerin schlug er sich durch, bevor er 1987 nach West-Berlin durfte.

Manfred Esch schwärmt von Günter Lamprecht, Harald Juhnke, Otto Sander, Dominique Horwitz und all den anderen großen Schauspielern, die er persönlich kennen lernen durfte. Er liebt die familiäre Atmosphäre in seinem kleinen Theater, an dem nur zwei festangestellte Beleuchter arbeiten. An großen Häusern gibt es bei den Vorstellungen einen Beleuchter für die rechte, einen für die linke Seite und drei für das Stellwerk, also das zentrale Lichtpult. Vielleicht beschäftigt das Theater auch noch Extra-Leute an der Zuschauerbrücke und an den Verfolgern. Am Renaissance-Theater sind die beiden Beleuchter für alles zuständig – sogar für die Haustechnik.

Einer kommt früh und sieht nach defekten Steckdosen in den Büros und ausgefallenen Lampen im Foyer. Mehrere tausend Lampen gibt es im Haus, da ist immer etwas zu tun. Der andere Kollege kommt um 14 Uhr und kümmert sich um die

Abendvorstellung. In der sogenannten Kontrollstimmung, in der alle Vorstellungs-Scheinwerfer auf 30 Prozent gestellt sind, kann er sehen, ob etwas ausgetauscht werden muss.

Seit 1998 gibt es eine dreijährige Ausbildung zur Fachkraft für Veranstaltungstechnik, die neben der Lichttechnik noch andere Bereiche wie Ton und Projektionen umfasst. Nach wie vor führt aber auch der klassische Weg über einen Grundberuf in der Elektrotechnik oder Elektronik ans Theater. Nach fünf Jahren am Theater besteht die Möglichkeit, Beleuchtungsmeister zu werden. Frauen arbeiten nach wie vor selten in dem Beruf, obwohl es auch Ausnahmen gibt. „Am Hamburger St. Pauli Theater sind fast nur Beleuchterinnen", weiß Manfred Esch.

Vieles hat sich verändert in den Jahrzehnten, in denen er seinen Beruf ausübt. In manchen Häusern tragen die Schauspieler heute Sender am Körper, über die die Verfolger ferngesteuert werden. Und diese Verfolger sind auch längst keine Riesenlampen mit Kohlestiften mehr, sondern leichte und kräftige HMI- oder Halogen-Scheinwerfer.

Ohne Computer ist ein Beleuchter heute nicht mehr denkbar. Angefangen hat Esch mit einem mechanischen Bordoni-Stellwerk mit Riesenwalzen, an dem alles von Hand eingestellt werden musste. In seiner Zeit am Deutschen Theater machte er dann die Bekanntschaft mit seinem ersten Lochkartencomputer. Heute hat er sogar zwei Computer, nur zur Sicherheit. „Falls der erste Computer abstürzt, arbeite ich mit dem anderen weiter, der immer die letzte Lichtstimmung hält", erklärt Manfred Esch.

Die Situation gehört zu den Alpträumen des Beleuchters. Sie wäre genauso dramatisch, wie wenn er aus Nervosität bei der Vorstellung eine Lichtstimmung überspringen oder bei einem Gastspiel etwas vergessen würde. Manfred Esch ist routiniert und weiß auf alles eine Antwort: „Bei Pannen auf Reisen wendet man sich einfach an das nächste große Theater. Gar kein Problem. Theaterleute halten immer zusammen."

Schnittstelle zwischen Musik und Technik
Der Tonmeister

Der Tonmeister hat magische Hände. Sein Computer steckt voller Zaubertricks. Die musikalische Passage soll schneller laufen, ohne dass sich die Tonhöhe verändert? Die Aufnahme soll heller, transparenter und vor allem fehlerlos klingen? Alles kein Problem. „Die digitale Tonbearbeitung hat in den neunziger Jahren ganz neue Tore aufgestoßen – was nicht nur Vorteile hat", meint der Tonmeister Klaus-Peter Gross, der die Tonabteilung der Berliner Philharmonie leitet.

Heute ist es ganz normal, aus mehreren Proben und Konzerten die besten Stellen zusammenzuschneiden. Wenn das Material dann noch nicht ausreicht, lässt man die Musiker hinterher noch ein paar Retakes der gewünschten Passagen spielen. Musiker beschweren sich gern darüber, dass die CD-Industrie mit diesen perfekten Produktionen unrealistische Standards setzt, die sich im Konzertsaal live nicht erfüllen lassen. Durch die Trickkiste der Tontechnik fühlen sie sich immer stärker unter Druck gesetzt.

„Auf der anderen Seite sind es aber gerade die Musiker, die alle technischen Möglichkeiten nutzen wollen, um zu perfekten CDs zu kommen. Die meisten dulden nicht die kleinste Unebenheit in ihren Aufnahmen. Da wird erbarmungslos editiert", schmunzelt der erfahrene Tonmeister. Er selbst würde gern öfter große, in sich stimmige musikalische Bögen stehen lassen, auch wenn sie winzige Unregelmäßigkeiten enthalten. „Wenn ich alles zerschnippeln und glattbügeln muss, kann das Ergebnis sehr steril wirken. Die Gefahr besteht."

Ende der zwanziger Jahre gab es die ersten für Musikaufnahmen brauchbaren Mikrofone und auch die ersten Tonmeister beim Rundfunk und Tonfilm. In den dreißiger Jahren wurde das Tonband erfunden, und kurz danach kam die Idee auf, die Bänder zu schneiden. Bis zum Computerzeitalter hat sich die Technik und damit das Berufsbild stetig entwickelt.

Tonmeister wirken an der Schnittstelle zwischen Musik und Technik. Sie sind in beiden Welten gleichermaßen zuhause. Nach dem Hochschulstudium arbeiten Diplom-Tonmeister beim Rundfunk, Fernsehen, Film, im Schallplattenstudio oder Konzerthaus. „Durch die Absatzkrise der Plattenfirmen werden die Arbeitsmöglichkeiten in den klassischen Feldern geringer. Dafür wächst aber das Gebiet der Beschallung in Mehrzweckhallen und bei Open-Air-Events", erzählt Klaus-Peter Gross. Auch an Theatern muss jemand für den guten Ton sorgen, wenn Schauspielmusik, Geräusche oder andere Einspielungen bei den Theaterstücken gefragt sind.

Die Stiftung Berliner Philharmoniker beschäftigt vier Tonmeister und einen Tontechniker. Gross leitet zwei Tonstudios mit 48-Kanal-Mischpulten, Lautsprechern, Monitoren und Computern. Nicht alle Konzerthäuser sind so gut ausgestattet. Manche haben nur einen Haustechniker, der Mikrofone aufstellt, wenn eine Rede gehalten wird. Andere haben Studios ohne Personal, in denen Gäste arbeiten können.

Die philharmonischen Tonmeister haben zwei Aufgabengebiete: die Beschallung im Saal und die Aufnahmen im Studio. Sie arbeiten nicht nur für die Berliner Philharmoniker, sondern auch für andere Orchester, Kammermusikensembles, Jazz- oder

Flamencogruppen. Bei moderierten Konzerten oder Unterhaltungsmusik müssen Stimmen oder Instrumente verstärkt werden. Auch bei zeitgenössischer Musik kommen oft die Lautsprecher im Saal zum Einsatz. Dafür gibt es in der Philharmonie und im Kammermusiksaal feste Installationen, die aber für jedes Ereignis neu eingerichtet und gegebenenfalls ergänzt werden.

Mitschnitte der Konzerte entstehen für die Archive der Ensembles, für die Veröffentlichung auf CD, für die „Digital Concert Hall" der Philharmoniker im Internet oder Filme wie „Trip To Asia". Für die Arbeit der Tonmeister ist es zunächst egal, für welches Medium sie ihre Aufnahme machen. Sie wird in bestmöglicher Qualität hergestellt.

Jeder Tonmeister hat seine Lieblingsmikrofone und seine eigene Art, sie aufzuhängen. „Wenn ich einen guten Saal wie die Philharmonie habe, muss ich klanglich mit Filtern nicht viel verändern", meint Klaus-Peter Gross. „Allerdings kann ich nicht mit zwei schwingenden Pappmembranen einen ganzen Konzertsaal nachbilden. Manche glauben, ich müsste nur zwei gute Mikrofone wie zwei Ohren auf die Höhe der Zuhörer hängen. Das wird dann aber eine ganz uninteressante, flache, distanzierte Aufnahme."

Ungefähr zwanzig Mikrofone braucht er für eine Mozart-Sinfonie, mehr als dreißig für ein groß besetztes, spätromantisches Werk, zum Beispiel von Gustav Mahler. Vor der Probe bereitet er in Absprache mit dem Dirigenten oder Orchesterwart alles vor, danach werden die Details perfektioniert. Beim Abmischen hinterher wünscht sich der Dirigent vielleicht, dass der Chor präsenter klingt oder eine untergegangene Holzbläserstimme nachgeführt wird.

Auch wenn das Privatleben wegen der unregelmäßigen Arbeitszeiten manchmal zurückstehen muss, liebt Gross seinen abwechslungsreichen Beruf: „Es ist immer wieder schön, weil wir hier so fantastische Musik erleben. Man ist schon sehr stark motiviert, wenn man mit den Berliner Philharmonikern arbeiten darf."

Dreidimensionales für die Bühne
Der Theaterplastiker

„Unser Job ist es, Unmögliches möglich zu machen", erklärt Thomas Koletzki schmunzelnd. Gewagte Dachkonstruktionen, bizarre Felsformationen, geflügelte Pferde oder Rokoko-Badewannen herzustellen, gehört zu seinem Alltag als Theaterplastiker. Er hat schon eine Mondlandschaft auf die Bühne der Deutschen Oper gezaubert und an einem riesigen, fahrbaren Reliefportal mit vier Kriegern für die Staatsopern-Produktion von „La Péri" gearbeitet.

„Die Bühnenbildner entwickeln ihre Ideen völlig frei. Sie stellen uns ständig vor verrückte Herausforderungen, und das ist gut so. Wir würden uns aus der Praxis heraus viel mehr auf das normal Machbare beschränken. So entsteht wirklich immer wieder etwas Neues", sagt Koletzki. Auch nach Jahrzehnten erfindet er seinen Beruf immer wieder neu.

Was macht man, wenn man unter Zeitdruck 150 Fische herstellen soll, die biegsam und lebendig wirken? Gummimilch scheidet wegen der langen Trocknungsprozesse aus. Thomas Koletzki hat ein neues Weichschaummaterial entdeckt, das viel strapazierfähiger ist als das sonst übliche.

Theaterplastiker stellen dreidimensionale Gegenstände für die Bühne her, übernehmen also bildhauerische Arbeiten im weiteren Sinn. „Viele denken, bei unserem Beruf ginge es um die Arbeit mit Plastik, aber das ist natürlich Unsinn", verrät

Koletzki. Theaterplastiker müssen künstlerisch und handwerklich begabt sein, viel von Werkstoffen verstehen und sich den Ideen der Bühnenbildner unterordnen können. Man kann den Beruf durch ein Studium oder eine dreijährige Ausbildung erlernen. Die Anzahl der Stellen ist stark begrenzt, deshalb arbeiten viele Theaterplastiker freiberuflich für Theater, Film, Werbung oder andere Veranstalter.

Thomas Koletzki hat 1985 als Kascheur an der Komischen Oper angefangen. „Das ist die ungelernte Variante des Berufs", erklärt er. Nach drei Jahren entschloss er sich zum Studium in Dresden. Danach gründete er seine eigene Werkstatt, in der er zehn Jahre lang freiberuflich tätig war, bevor er 2002 die Leitung der Plastikwerkstatt an der Komischen Oper übernahm. Seit 2007 arbeitet er in den inzwischen vereinten Werkstätten des Bühnenservice für die Stiftung Oper in Berlin. Neben den Berliner Opernhäusern gehören das Deutsche Theater und das Theater an der Parkaue zu den Auftraggebern.

In der Plastikwerkstatt an der Chausseestraße hört man Koletzkis vier Kollegen schleifen, sägen und hämmern. In einer Ecke „wachsen" Graspflanzen aus Federstahl und Gummi. Ein paar Meter weiter werden überdimensionale Fischstäbchen geschmirgelt. Eine Bruchkante, die aussieht wie aus Beton, besteht aus Styropor, das mit Papier und Stoff abgeklebt wird, um es unempfindlicher zu machen. „Im Bühnenbetrieb hätte es sonst keine Überlebenschance", sagt Koletzki.

Seine letzte große Herausforderung war die Kopie eines Engels von Gian Lorenzo Bernini. „Wer sich mit zwei Fotos bewaffnet an einen Bernini macht, muss schon wahnsinnig sein", lacht der Theaterplastiker. „Das geht eigentlich nur mit dem Original und einer Punktiermaschine. Aber man muss diesen Kampf eben durchstehen und selbst sein schlimmster Kritiker sein." Das Gefühl der Routine stellt sich für ihn niemals ein. Manchmal gibt es gutmütige Bühnenbilder, aber in der Regel gilt: Je fantastischer die Wünsche, desto schlafloser die Nächte.

Das Berufsbild hat sich in den letzten drei Jahrzehnten gewandelt. Die traditionellen Materialien des Theaterplastikers sind Ton zum Modellieren, Gips zum Abformen, Styropor zum Schnitzen und Papierkaschiermasse. „Früher haben wir mit Draht und Papier Landschaften geformt, sie mit Stoff beklebt, mit Seidenpapier und Knochenleim bearbeitet", erinnert er sich. „Heute haben wir eine riesige Palette von Materialien, um bestimmte Effekte zu erzielen, und es kommen immer neue dazu."

Die Anforderungen wachsen, heute müssen sich Theaterplastiker auch mit der Verarbeitung von Polyester und Acryl beschäftigen. „Wir müssen einen Aquarienkasten aus Acrylglas sauber verkleben können", meint Koletzki. Auf der anderen Seite wird aus Kostengründen immer mehr gekauft und mit Halbfertigprodukten gearbeitet.

Viele Fragen haben die Plastiker an den Bühnenbildner, wenn die Entwürfe für eine neue Produktion kommen: Welcher Eindruck soll vermittelt werden? Ist das Dekorationsteil von allen Seiten zu sehen? Steht es nur herum oder wird es bewegt? Wie schwer darf es sein? Fällt es herunter, und wenn ja, darf es laut knallen? Wenn alles geklärt ist, werden die Materialien gewählt, die Arbeitsstunden kalkuliert; vielleicht stellt man auch erst einmal ein kleines Modell oder Probestück her, bevor es an die eigentliche Produktion geht.

Spannend wird es, wenn beim technischen Einrichten dann zum ersten Mal alles auf der Bühne zusammengebaut wird. „Das sind schon Angstmomente, wenn man eine Riesenkuppel aus 18 Tortenstücken zusammensetzt", verrät Thomas Koletzki.

Was nicht passt, wird nachgebessert. Bis zur Premiere muss alles fertig sein. Aber dann sind die Theaterplastiker schon längst wieder dabei, die Probleme einer neuen Produktion zu lösen.

Alleskönnerin am Klavier

Die Korrepetitorin

Sie hat das Publikum schon als Don José in der Oper „Carmen" begeistert. Nicht, weil Christina Domnick gern Männerrollen übernimmt. Es ging einfach nicht anders, für den plötzlich erkrankten Tenor war kein anderer Ersatz zu beschaffen. Ein Kollege von ihr hat bei einer anderen Vorstellung am Dirigentenpult gestanden. Der vorgesehene Maestro war ausgefallen, und die unbekannte Kinderoper wäre sonst nicht zu retten gewesen.

Korrepetitoren sind Alleskönner. Sie kennen jeden Part in den Opern, die sie betreuen. Sie spielen das Glockenspiel in der „Zauberflöte", sitzen bei Barockopern als Cembalisten im Orchestergraben und notieren bei den Proben für die Sänger und den Dirigenten alle musikalischen Fehler und Unebenheiten. Wenn das Orchester neue Geiger einstellen will, begleiten Korrepetitoren auch die Probespiele am Klavier.

Ihre wichtigste Aufgabe am Opernhaus besteht aber darin, die Sänger auf ihre Partien vorzubereiten. Das geschieht nicht nur bei den Proben, sondern auch unter vier Augen im Studierzimmer. Dort begleitet der Korrepetitor den Sänger am Klavier, hilft ihm beim Lernen einer neuen Rolle und geht mit ihm immer wieder alles durch, was noch nicht richtig sitzt.

„Es gibt kaum eine intimere Situation unter Kollegen. Man steht da als Sänger nackt und bloß, muss Kritik einstecken und sich anhören, dass man hier zu schnell und dort zu hoch war", erzählt Christina Domnick. Sänger sind auf kompetente Partner angewiesen, sie können sich selbst ja nicht von außen hören. „Als Korrepetitor sollte man viel Einfühlungsvermögen und großen Respekt vor dem Beruf des Sängers haben."

Gemeinsam mit einem Kollegen ist sie Studienleiterin an der Komischen Oper. Sie ist also Chefin in der neunköpfigen Korrepetitorenriege und organisiert auch die Probenabläufe. Die Einteilung findet immer von einem Tag auf den anderen statt. Erst um 14 Uhr erfahren die Korrepetitoren, ob sie am nächsten Tag vormittags, nachmittags oder abends zu tun haben. „Es ist nicht unmöglich, aber auch nicht leicht, diesen Beruf mit eine Familie unter einen Hut zu bringen. Deshalb ist für uns die Theaterfamilie so wichtig. Man ist viel und gern mit den Kollegen zusammen", sagt Christina Domnick.

Ein Beruf für Faulenzer ist es nicht. Sieben Stunden Dienst haben die Korrepetitoren am Tag, das sind zum Beispiel zwei dreistündige Proben und eine Einzelstunde mit einem Sänger. Außerdem muss der Korrepetitor, der manchmal auch Repetitor oder Solorepetitor genannt wird, natürlich selbst üben und seine Opern vorbereiten.

Kein musikalisch begabtes Kind sagt sich: Wenn ich groß bin, will ich Korrepetitor werden. Es ist ein Beruf, in den man hineinwächst. An einigen Musikhochschulen gibt es den Studiengang Korrepetition. Es gibt auch Pianisten oder Chorleiter mit einer Zusatzausbildung. Die meisten Musiker, die in diesem anspruchsvollen Beruf arbeiten, haben aber Orchesterleitung studiert wie Christina Domnick. Für Dirigenten ist es am Opernhaus eine erste Stufe auf der Karriereleiter. Die meisten Generalmusikdirektoren haben nach dem Studium ein paar Jahre als Korrepetitoren gearbeitet. Manchmal wird die Durchgangsstation unterwegs zum eigentlichen Ziel.

Die Hamburger Dirigentin Christina Domnick hat viele Vorstellungen und Konzerte geleitet. Am Bremer Theater und am Deutschen Nationaltheater Weimar war sie acht Jahre lang Korrepetitorin mit Dirigierverpflichtung. Irgendwann stellte sie fest, dass sie sich bei den Proben und im Studierzimmer richtig wohl fühlte und ihr gar nichts fehlte, wenn sie nicht vor einem Orchester stand. „Ich hatte gar nicht mehr das Bedürfnis, diese harte Dirigentenlaufbahn anzugehen", erinnert sie sich. „Jetzt bin ich mit meinem Beruf sehr glücklich."

Große Hauptpartien studiert sie mit den Sängern schon ein Jahr vor der Premiere ein. Kleine Partien sind etwa vier Monate vor der Premiere an der Reihe. Manche Sänger üben erst die großen Arien, andere gehen die Werke von vorn bis hinten chronologisch durch. Christina Domnick findet es großartig, an einem Ensemblehaus zu sein. Sie kennt die Eigenheiten ihrer Sänger, weiß genau, wer welche Flüchtigkeitsfehler macht, wer schnell oder langsam lernt oder mit wem sie besser erst einmal etwas Einfaches durchgeht, um die Nervosität abzubauen.

Erst probt sie mit einem Sänger allein, dann holt sie Duettpartner dazu, und später werden die Ensembles zu Szenen zusammengesetzt. Mit dem Dirigenten der Produktion stimmt sie die gewünschten Tempi und Übergänge ab. Wenn der Dirigent parallel mit dem Orchester probt, leitet sie die Szenenproben. Drei bis vier Korrepetitoren betreuen eine Produktion. „Der Beruf ist so schön, weil er so vielfältig ist. Man hat ja mit allen Künstlern zu tun", erklärt Christina Domnick.

Die aufregendsten Momente sind für die Korrepetitorin immer die Vorstellungen, an denen sie mitwirkt. Bühnenmusiken wie in „Don Giovanni" leitet sie von der Seitenbühne aus. Bei

Schostakowitschs „Lady Macbeth von Mzensk" musste sie zwölf Blechbläser dirigieren und gleichzeitig den Chorherren den Einsatz geben, mit dem sie auf die Bühne gehen sollten. Eines Abends gab es kein Licht auf der Seitenbühne. Christina Domnick blieb nichts anderes übrig, als auswendig zu dirigieren. Solche Momente vergisst man nie. „Die Vorstellung ist heilig. Da darf einfach nichts schiefgehen", sagt die Korrepetitorin. „Wenn man ein ganzes Jahr lang auf eine Premiere hinarbeitet, ist es doch das Größte, wenn am Ende alles ineinandergreift."

Wünsche von den Augen ablesen
Der Besucherservice

Die wichtigste Person im Theater ist der Zuschauer. Ich kümmere mich darum, dass er sich wohlfühlt." So lautet Jörg Freckmanns Kurzdefinition seines Berufs. Er leitet den Besucherservice und den Vertrieb am Deutschen Theater. Das Publikum möchte Karten und Programmhefte kaufen, die Garderobe abgeben, gut sitzen und sehen, in der Pause etwas trinken, vorher eine Einführung in das Stück bekommen oder hinterher über das Erlebte sprechen. Dies und vieles andere organisiert Freckmann mit seinem Team. „Nur auf die Vorstellung selbst habe ich keinen Einfluss", erzählt der gut gelaunte Service-Chef.

„Was würden Sie mir denn empfehlen?" ist eine der häufigsten Fragen, die Jörg Freckmann zu hören bekommt. Mit gesunder Menschenkenntnis versucht er dann herauszufinden, in welche Richtung die Vorlieben des Besuchers gehen könnten. Gern erklärt er die Stücke und macht Werbung für die neueren, unbekannteren Werke auf dem Spielplan. Er betreut Schulklassen und prominente Gäste, reserviert Plätze in Restaurants und Hotels. Selten steht sein Servicetelefon still.

Fans möchten wissen, wie sie von ihrem Star ein Autogramm bekommen oder ob sie ihm Blumen schicken können. „Klar, es gibt auch aufdringliche Fans oder Verrückte, die die Vorstellung stören. Eine Zeit lang hatten wir einen Besucher, der sich ab und zu ausgezogen hat", erzählt Freckmann. Er hat dann immer einen Platz ganz außen in der Reihe bekommen, damit das Personal im Notfall schnell eingreifen konnte.

Spannend wird es immer, wenn er die Abendleitung übernimmt. Dann ist Jörg Freckmann für jede mögliche Katastrophe zuständig. Zwischen Unfällen und falschem Feueralarm hat er in seinen Jahren am Deutschen Theater schon viel erlebt. Bei der Premiere von Robert Wilsons „Doktor Caligari" ist eine Schauspielerin in einen Bühnenspalt gestürzt und hat sich drei Rippen gebrochen. „Sie hat aber weiter gespielt und ist erst hinterher ins Krankenhaus gekommen", sagt Freckmann.

2007 betreute er die Premiere von Samuel Becketts Zweipersonenstück „Endspiel". Wolfram Koch, einer der beiden Schauspieler, saß im Zug fest. Eine gute Stunde lang musste der Servicechef das Publikum vertrösten, beruhigen, zum Lachen bringen. „Ich habe alle zu einem Glas Wein eingeladen. Aber es war schon brenzlig. Wenn es noch länger gedauert hätte, wären sie wütend geworden", meint er.

Bei einer anderen Premiere stimmte die Nummerierung der Plätze nicht, weil Sitzreihen ausgebaut wurden. „Niemand fand seinen Platz und ich musste mich wie im Kindergarten hinstellen und sagen: Wer dies auf seiner Karte stehen hat, setzt sich hierhin", erinnert sich Freckmann. Nach einer langen, albtraumhaften Viertelstunde hatte er auch das Problem geregelt.

Der Besucherservice ist in den letzten Jahren nicht nur an den Theatern, sondern auch an anderen Kulturinstitutionen immer wichtiger geworden. „Vor 30 Jahren kannte ich diese Einrichtung nur aus DDR-Theatern. Inzwischen hat sich bei allen Direktoren die Erkenntnis durchgesetzt, dass man um sein Publikum kämpfen muss", meint Jörg Freckmann.

Zwei- bis dreimal im Jahr tauscht er sich mit seinen Kollegen aus den anderen Häusern aus. „Alle haben dieselben Probleme mit wechselnden Schwerpunkten", sagt der Abteilungsleiter Vertrieb/Service. In manchen Städten spielen Abonnements die Hauptrolle, während sich die Berliner Theaterfreunde lieber spontan entscheiden. Gemeinsam mit einem Assistenten und zwei Halbtagskollegen betreut er in drei Sälen 700-800 Zuschauer am Abend, das sind etwa 180.000 Besucher pro Jahr.

Eine konkrete Ausbildung für seinen Beruf gibt es nicht. „Wir sind alle Autodidakten mit ganz verrückten Biografien. Uns verbindet der Spaß am Theater und der gesunde Menschenverstand", findet er. Er hat einen Kunsthistoriker und eine Erziehungswissenschaftlerin als Kollegen. Der Kassenleiter ist ein Philosoph. Er selbst hat Romanistik und Hispanistik studiert. Um sein Studium zu finanzieren, hat er am Maxim Gorki Theater an der Garderobe und am Einlass gejobbt. Dabei lernte er den Intendanten Bernd Wilms kennen.

Jahre später bekam er aus heiterem Himmel die telefonische Einladung, den Servicebereich am Deutschen Theater zu übernehmen. Jetzt ist er 50-60 Stunden in der Woche am Theater und studierte nebenbei noch BWL, um sich als Vertriebsleiter weiterzubilden. „Schließlich sitze ich an der Schnittstelle zwischen Kunst und Geschäft. Das ist schon ein interessanter Spagat."

Wenn die Zuschauer zufrieden sind und die Einnahmen stimmen, ist Jörg Freckmanns Welt in Ordnung. „Abends erlebe ich das fantastische Ergebnis unserer Arbeit. Manchmal höre ich hinterher begeisterte Zuschauer auf der Straße oder in der Bahn. Ich bin dann so stolz. Ich möchte aufspringen und rufen: Hier! Ich habe auch mitgemacht!"

Knackbretter und andere Zaubereien aus Holz
Der Theatertischler

Ganz langsam rollt das hölzerne Auto auf den Baum zu. Der Crash erfolgt in Zeitlupe: Die Vorderachse bricht, die Motorhaube klappt auf, das Dach wird zerstört, die Scheiben reißen ein, die Tür kippt aus den Angeln. Das Publikum staunt über den packenden Theatermoment in Gero Troikes „Gute Nacht, du falsche Welt". Wie machen die das bloß?

Die Theatertischler der Volksbühne haben das aufregende Unfallgefährt ausgetüftelt und gebaut. Sie haben viel Spaß an solchen besonderen Aufgaben. Am Ende durfte einer der Theatertischler sogar auf der Bühne „mitspielen", allerdings nur unsichtbar. Er lag in dem Auto, bewegte mit der Hand die Räder und sorgte von innen mit Seilzügen und Pedalen dafür, dass alles auseinanderfiel.

Für alles, was auf der Bühne aus Holz besteht, sind Theatertischler zuständig. Das können Möbel, Treppen, Türen, Fenster, Wände, Podeste und Klappen sein. Grundsätzlich haben sie dieselbe Ausbildung wie Bau- und Möbeltischler. „Man muss aber weit über den Tellerrand hinausschauen", sagt Frank Mittmann, der sich als Tischlermeister zum Leiter der Volksbühnen-Werkstätten hochgearbeitet hat. „Mitdenken und Kreativität sind gefragt. Wir arbeiten auch mit Techniken aus verwandten Berufen wie dem des Zimmermanns."

„Normale" Tischler würden sicher kein Bad fliesen wie

Mittmanns Kollegen. Die leichten Hartfaser-Fliesen für „Johnny Chicago" werden in der Tischlerei einzeln an die Wand geklebt. „Wir könnten es uns auch leicht machen, eine große Platte nehmen und Fugen mit der Maschine einfräsen", erzählt Frank Mittmann. „Das sieht aber nicht echt aus. Die kleinen Unebenheiten, die beim Fliesenkleben entstehen, machen es lebendig."

Die Volksbühnen-Werkstätten haben 24 Mitarbeiter: Tischler, Maler, Plastiker, Schlosser und Dekorateure. Die Tischlerei ist mit neun Mitarbeitern die größte Abteilung. An der Decke hängt ein riesiger Flugsaurier. Das Geländer zur zweiten Etage hat 300 mal in „Der Geizige" auf der Bühne gestanden – bis es nach der Wende den Sicherheitsanforderungen nicht mehr genügte. An der Wand hängt eine Erinnerung an den Künstler Jonathan Meese, der an der Volksbühne gearbeitet hat. In der Mitte der Halle, neben dem halb fertigen Badezimmer für „Johnny Chicago", steht ein Zauberstuhl.

Für die „Ruhrtrilogie" haben die Theatertischler Zirkuswagen und Vorrichtungen für Zaubertricks gebaut. Auf dem großen, blauen Stuhl soll eine Person unter einem Tuch sitzen, und wenn das Tuch weggezogen wird, ist die Person verschwunden. Auch die „Frau ohne Unterleib", der alte Jahrmarkt-Spiegeltrick, entsteht in der Tischlerei.

„Wie die Zaubertricks funktionieren, war nicht leicht herauszufinden", schmunzelt Mittmann. Die Tischler sahen in Fachbüchern und im Internet nach. „Aber in den Erklärungen sind überall kleine Fehler eingebaut – damit man es eben nicht nachmachen kann." Schließlich wurde ein Zauberer in die Werkstatt gebeten, der bei der Arbeit helfen musste. „Er hat sich bei uns offenbar wohlgefühlt. Am Ende hat er eine kleine Zaubershow in der Tischlerei veranstaltet."

Ein großes Schiff haben die Tischler schon gebaut. Immer wieder einmal ist ein Knackbrett gefragt, also ein angeschnittenes Brett, das man jemandem auf den Kopf schlagen kann. Alle Theaterbauten müssen leicht und gleichzeitig robust sein. Sicherheit ist ein wichtiges Thema. „Es wäre schlimm, wenn sich jemand durch unsere Schuld verletzen würde", überlegt Mittmann. Einmal hat er erlebt, dass ein Schauspieler in eine Treppenstufe eingebrochen ist.

Frank Mittmann hat seine Theatertischlerlehre in den siebziger Jahren gemacht. An der Deutschen Staatsoper hat er viel über traditionelle Bautechniken am Theater, Kunst- und Theatergeschichte gelernt. Ein Grundprinzip am Theater lautet: Alles muss so zusammengesetzt werden, dass man beim Auf- und Abbau mit Hammer und Schraubenzieher auskommt.
In der Theatergeschichte wurden geniale Wandverbindungsarten entwickelt. Die alten Bühnenarbeiter konnten mit der speziellen „Schnurschlag"-Technik, mit einem Seil und abgewinkelten Holzleisten, neun Meter hohe Wände miteinander verbinden. Später hat man Verbindungen gern mit Steckbändern hergestellt. Die Volksbühnen-Tischler wissen auch noch, wie man „Klappböcke" baut, die traditionellen klappbaren Theaterpodeste.

Heute besuchen die Azubis der Volksbühnen-Tischlerei die Marcel-Breuer-Schule, eine normale Berufsschule für Bau- und Möbeltischler. Frank Mittmann bedauert, dass er seine Auszubildenden nicht übernehmen kann, aber sein Stellenplan lässt das nicht zu. Besonders gut sind die Aussichten auch in anderen Theaterwerkstätten nicht.

„Wer eine dieser begehrten, tollen Stellen bekommt, gibt sie nicht mehr her", sagt Frank Mittmann. Seine Tischler identifizieren sich mit dem Theater. Sie arbeiten gern mit den Bühnenbildnern zusammen und verwirklichen die Visionen der

Künstler. Einige Tischler singen an der Volksbühne im „Chor der Werktätigen" oder treten als Statisten auf. Die Theaterbegeisterung ist bei Dienstschluss nicht vorüber.

Glitzerhauben in Handarbeit

Die Putzmacherin

Ach, im Theater, da wird doch alles nur geklebt und getackert. So lautet ein Vorurteil, das Babette Reimann allzu gut kennt. „Aber nicht bei uns", empört sich die Putzmacherin, „hier geht alles in gründlicher Handarbeit." Mit Nadel und Faden näht sie einen Strass-Stein nach dem anderen auf die fleischfarbenen Kappen für die Girlreihe des Friedrichstadtpalasts. Sie ist ein bisschen frustriert, weil sie an einem Tag nie mehr als zwei dieser Glitzerhauben für die neue Revue schafft. Haltbar muss es sein. Geklebte Steine würden den Belastungen der täglichen Show niemals standhalten.

Die Putzmacherin stellt alles her, was die Revue-Darsteller auf dem Kopf tragen. „Alles außer Haare", ergänzt sie. Gemeinsam mit einer Kollegin und einer Praktikantin fertigt sie Kopfputze jeglicher Art mit und ohne Drahtgestell, Hüte, Mützen, Stirnbänder, Kronen und Diademe. Manchmal ist sie auch für Schmuck, Handschuhe und Täschchen zuständig. Rund 500 Kopfputze werden für eine Revue gebraucht. Zylinder, Basecaps und amerikanische Polizeimützen werden gekauft und für die Shows verändert. Die weitaus meisten Kopfbedeckungen stellen die Putzmacherinnen aber von Grund auf her.

Filzstumpen, Strohrohlinge oder Stoffe werden mit Dampf behandelt. Das feuchte Material wird über die Holzköpfe gezogen, die in allen Größen in der Putzmacherei liegen, festgesteckt, getrocknet und weiter bearbeitet, bis die Ergebnisse den

Figurinen entsprechen. Außerhalb des Theaters heißt der Beruf Modist. Die dreijährige Ausbildung ist dieselbe, aber es sind doch verschiedene Welten. „Draußen ist alles feiner, weicher. Wenn ich hier eine Kappe appretiere, kann ich nicht mit dem Pinselchen darangehen. Ich muss sie richtig tränken, damit sie steif ist und sich auf der Bühne nicht so schnell durch Wärme und Feuchtigkeit verformt", erklärt Babette Reimann. Meist zieht sie kupferummantelten Draht in die Kappen ein, damit sie noch besser halten, aber auch der Draht ist nach einer Weile oft durchgefressen. Schweiß ist sehr aggressiv.

Nicht nur haltbar, auch leicht muss am Theater alles sein. Schließlich sollen die Künstler zwei Jahre lang mit den Kopfputzen tanzen. „Wenn sich die Tänzerin mit dem Kopfputz besonders schön findet, kann sie mehr tragen. Sie muss sich damit wohlfühlen, nur dann hat sie die richtige Ausstrahlung", sagt die Putzmacherin. Trampolin-Nummern funktionieren meist nur ohne Kopfputz. Heikel wird es, wenn Artisten kopfüber in den Ringen oder Tüchern hängen. „Wenn Artisten die Flugwerke benutzen, dürfen die Kopfputze nur Schulterbreite haben - wegen der Seile, an denen sie hängen", meint Babette Reimann.

Sie liebt riesige Kopfputze mit vielen Federn. Oder auch kleine, fantasievolle Kreationen, wenn der Kostümbildner ihr freie Hand lässt. Normalerweise fertigt sie alles nach den Figurinen und in Absprache mit dem Kostümbildner an. Nebenan ist die Schneiderei, mit der sie eng zusammenarbeitet. Aber auch mit den anderen Gewerken, der Maske, der Kaschierwerkstatt und der Schlosserei, tauscht sie sich immer wieder aus, wenn es um besondere Aufgaben und Herausforderungen geht. „Ich frage alle: Wie würdet ihr das machen, habt ihr eine Form oder ein Werkzeug für mich?" erzählt Babette Reimann. Sie ist froh, dass im Friedrichstadtpalast noch alle Werkstätten im Haus sind. Sie muss den Kopfschmuck nicht nur herstellen, sondern während der Laufzeit der Show auch immer wieder reparieren und in Krankheitsfällen blitzschnell enger oder weiter machen.

Die Putzmacherin beschäftigt sich mit ganz anderen Problemen als „draußen" die Modistin. Kann man mit dem Kopfputz in das chlorhaltige Wasser im Swimming-Pool abtauchen? Können die Tänzer durch die Brillen und Masken genug sehen? Für eine Revue sollte sie einen Kopfputz aus einer Reihe zerknautschter Blechbüchsen herstellen. Die Dosen ließen sich weder kleben noch nähen. Sie wollten einfach nicht zusammenhalten. Am Ende fand Babette Reimann eine Lösung mit einem durchgezogenen Draht. Aber da war die Idee schon wieder verworfen.

Putzmacher ist ein alter Beruf. Hüte als Wetterschutz oder Statussymbol hatte man schon in der Antike. In Deutschland kamen Hüte im 10. Jahrhundert auf, seit dem 14. Jahrhundert ist der Beruf des Putzmachers nachweisbar. Noch zu Beginn des 20. Jahrhunderts ging man nicht ohne Hut auf die Straße. Das hat sich gründlich geändert. Die Putzmacherei gilt als aussterbendes Handwerk.

„Es gibt heute in Deutschland nur noch drei Institutionen in München, Bielefeld und Kellinghusen, die die Modistenprüfung abnehmen", erklärt die junge Putzmacherin Svenja Otten. Von den etwa zwölf jährlichen Absolventen, fast ausschließlich Frauen, müssen sich die meisten hinterher eine andere Beschäftigung suchen. Auch Svenja Otten hat eine Zeit lang im Hotel gearbeitet. Nur noch wenige große Opernhäuser, Theater und Filmfirmen leisten sich Putzmacherinnen. Babette Reimann weiß genau, dass sie im Friedrichstadtpalast in einer glücklichen Ausnahmesituation ist: „Es ist sehr schwer, in dem Beruf Fuß zu fassen. Dabei wäre es wirklich schade, wenn er ausstirbt." Ihre Kollegin fügt hinzu: „Ich habe es jedenfalls noch keinen einzigen Tag bereut."

Wächterin über 200 Haken
Die Garderobiere

Beim Begriff Dynastie denkt man eher an Fürsten oder Industriemagnaten. Aber vielleicht kann man in Berlin auch von einer Garderobieren-Dynastie sprechen. Die Garderobe der Komödie am Kurfürstendamm ist jedenfalls seit den vierziger Jahren fest in der Hand von Hannelore Behrendt und ihren weiblichen Vorfahren. Ihre theaterbegeisterte Patentante war die Erste. Sie warb Hannelores Mutter Elli Krause, die das Mantelamt erst nach 48 Jahren abgab. Mit fünfzehn gehörte auch die Tochter schon als ständige Aushilfe zur Theaterfamilie. „Die Schließerin stand bei uns auf dem Hof, pfiff auf ihre eigenwillige Art und fragte: Willste heute kommen?" erzählt die Berlinerin, die inzwischen den Familienrekord hält. Seit 1957 ist sie an der Komödie. „Wenn ich eine Tochter hätte, wäre sie bestimmt auch an der Garderobe", sagt sie begeistert.

Hannelore Behrendt erinnert sich aus ihrer Jugendzeit noch gut an die opulenten Damenpelze, schweren Herrenwollmäntel und all die Hüte dazu. Nach ihrem ersten Garderobeneinsatz bei einer ausverkauften Vorstellung war sie vollkommen geschafft. Wenn 130 Garderobenteile innerhalb von einer halben Stunde an den richtigen Haken hängen sollen, ist die volle Konzentration gefragt.

Inzwischen ist die Garderobe leichter geworden. Bei den Anoraks und Daunenjacken, mit denen die Besucher heute kommen, werden die Muskeln nicht mehr so beansprucht. „Dafür bringen sie heute aber Koffer, Rucksäcke und Einkaufstüten mit ins Theater", weiß die Garderobiere. Früher wurden auch Hunde an der Garderobe abgegeben, die sind nun nicht mehr erlaubt. Wertgegenstände wie Notebooks nimmt sie ungern, weil sie im Unterschied zu den Mänteln nicht versichert sind. Schließlich bleibt sie nicht die ganze Vorstellung über an ihrem Platz sitzen.

Viele Leute sparen sich gern die Garderobengebühr. „Die nehmen lieber den dicken Mantel auf den Schoß und noch zwei Beutel zwischen die Beine." Ein Sparversuch, den sie immer wieder zu hören bekommt, lautet: „Sie können uns zusammenhängen." 1,20 Euro pro Person muss sie trotzdem verlangen. Manche wollen wissen, warum denn die Gebühr so krumm ist. „Man kann sie auch aufrunden", antwortet dann Hannelore Behrend. Für 7 Mark pro Abend hat sie angefangen. Jetzt bekommt sie 20 Euro, egal, wie lang die Vorstellung ist. „Da ist man schon aufs Trinkgeld angewiesen. Aber viele runden bei zwei Personen nicht einmal auf 2,50 Euro auf", erklärt sie.

Eine Stunde vor Vorstellungsbeginn ist Hannelore Behrendt in der Komödie. Sie schließt auf, knipst das Licht an und zieht ihren Theaterkittel mit den vielen bunten Anstecknadeln an, die ihr Schauspieler und Besucher geschenkt haben. Dann legt sie die Programmhefte zurecht. „Früher haben wir sie verkauft und Prozente bekommen, jetzt sind sie im Kartenpreis inbegriffen."

Im Sommer gibt es zwei, im Winter vier Garderobieren in der Komödie. Jede ist Herrin über 200 Haken. Bevor die Vorstellung beginnt, schließen die Garderobieren die Saaltüren. Schließerinnen für diese Aufgabe sind inzwischen auch eingespart. Während der Vorstellung lesen die Damen, unterhalten sich oder trinken ein Gläschen, wenn es etwas zu feiern gibt. Die

Garderobiere merkt sich immer irgendetwas Lautes, an dem sie erkennen kann, dass sie wieder auf ihren Posten muss. „Das kann ein Lied sein oder auch ein Schrei. Bei ‚Fisch zu Viert' zum Beispiel sterben sie ja am Ende", meint sie. Manchmal huscht Hannelore Behrendt auch durch die Saaltür in die Vorstellung.

Natürlich hat sie alles gesehen und kennt jeden Schauspieler. Harald Juhnke hatte immer mit ihrer Mutter zusammen Geburtstag und kam dann vorbei. Er hat ihrer Mutter auch den ersten Whisky spendiert, der ihr gar nicht geschmeckt hat. Hannelore Behrendt hat mit Günter Pfitzmann Diabetikertorte gegessen und oft mit Herbert Herrmann an der Bushaltestelle gestanden. „Inge Meysel hat sich immer gefreut, wenn uns ein neues Hütchen an ihr auffiel", sagt sie. Die Weihnachtsfeiern gestalten Theaterleitung, Schauspieler, Techniker und Vorderhauspersonal gemeinsam. „Da bringt jeder etwas mit, eine Suppe, einen Salat, ein Dessert. Wer gar nichts kann, kauft Chips", erzählt die Garderobiere.

Ihren Mann hat sie in der Komödie kennen gelernt, als der seinen Vater in der Requisite vertrat. Mit ihm zusammen hat sie verschiedene Gaststätten geführt. „Das Theater wollte ich aber nie aufgeben. Da war ich ein Trotzkopf." Lange Zeit hat sie als Schließerin die Saaltüren auf- und zugemacht und die Programmhefte verkauft. Sie hat auch schon Kaffee ausgeschenkt und Canapés hergestellt. Als Leiterin der Vorderhäuser war sie in der Komödie und dem Theater am Kurfürstendamm für 25 Personen verantwortlich. Nun ist die Garderobe ihr festes Reich.

„Man sieht täglich neue Leute und kann so schön lästern", freut sie sich. „Zum Beispiel im Sommer über die Männer mit den kurzen Hosen und Stachelbeerbeinen." Sie hat aber auch schon tatkräftig mit angepackt, wenn heftige Regengüsse die

Treppen unter Wasser setzten. „Was haben wir geschippt. Durch den Türschlitz lief das doch bis ins Parkett", sagt sie. „Aber hinterher gab es eine Flasche Sekt."

Tüllgardinen und Theatervorhänge

Der Tapezierer

Dirk Kösling hat immer sein Messer dabei. Nicht weil es im Berliner Ensemble so gefährlich ist. Der Tapezierer hat seine eigenen Alpträume erlebt. Zum Beispiel bei einer Vorstellung des „Stellvertreters", bei der er zwischen zwei Szenen eine Fahne abzunehmen und wegzuräumen hat. Nur hatte die Kollegin die Fahne so unauflöslich fest verknotet, dass er verzweifelt in die Requisite hochlaufen und nach einem Messer suchen musste, um das widerspenstige Stück Stoff abzuschneiden. Die kleine Umbaupause wurde lang und länger. Inzwischen hat er sich kleine Ledertäschchen für seinen Gürtel genäht, um Messer, Schere, Zange und Zollstock immer bei sich tragen zu können.

Dirk Kösling ist als Leiter der Tapezierabteilung des Berliner Ensembles für alles verantwortlich, was im Theater mit Möbeln und Stoffen zu tun hat. Der Tapezierer hängt Vorhänge auf die Bühne, bespannt Wände, umfasst Teppichböden mit Gurtband, holt Stühle aus dem Fundus, manchmal polstert oder bezieht er auch Sessel oder Sofas. Er betreut die Proben, richtet für die Vorstellungen alles ein, sorgt für die Umbauten zwischen den Bildern und baut am Ende alles wieder ab. Wenn es dann nach zahlreichen Vorstellungen marode Stellen gibt, repariert er die Löcher in den Tüllgardinen und die Risse im Polster.

Außerhalb des Theaters heißt sein Beruf Raumausstatter oder Dekorateur. „Wir haben in der Ausbildung gelernt, zu polstern, Teppichböden zu verlegen, Gardinen zu nähen, uns um alle Stoffe für die Inneneinrichtung zu kümmern", erzählt der Theatermann, der schon seit 1989 am Berliner Ensemble arbeitet. Mit Tapeten hat der Beruf des Tapezierers weniger zu tun. „Naja, wenn es Tapeten auf der Bühne geben soll, kümmern wir uns natürlich auch darum."

In seiner Werkstatt gibt es riesige Regale mit allen Arten von Stoffen, Schaumstoffen, Folien, Werkzeugen und Eisenwaren. Auf einem Regalbrett steht ein Aquarium zur Beruhigung und ein Monitor, über den er live das Bühnengeschehen verfolgen kann, damit er seinen Umbaueinsatz nicht verpasst. Die Tischdecke in der Sitzecke ist ein Stück Dekostoff aus „Shakespeares Sonetten".

Auf dem langen Werktisch zwischen den Regalen liegt schwarzer Samt. „Das ist ein Teppich aus Claus Peymanns Inszenierung von ‚Freedom and Democracy: I Hate You'. Er muss ganz exakt über den Stufen auf der Bühne liegen und darf nicht wegrutschen. Also präparieren wir den Samt mit einem Gummibelag und formen die Stufen aus", erzählt Kösling. Danach hat er für die abendliche Probe auch noch einen Hocker zu polstern. Das Gestell dafür hat der Schlosser schon fertig. Zwei Raumausstatter, eine Schneiderin, ein Tischler und ein Quereinsteiger, der gerade angelernt wird, arbeiten in der Abteilung.

Wenn Dirk Kösling morgens kommt, liegt beim Pförtner oft schon ein Zettel, auf dem so etwas steht wie: „Wir brauchen für die Probe zwei Betten und Folienmuster." Er kramt dann in seinem Gedächtnis und überlegt, was für Betten sich im Fundus in Weißensee befinden. In dem riesigen Lagerraum des Theaters hat er 100 Stühle, 60 Tische, die Möbel aus den alten Brecht- und Weigel-Zimmern und vieles andere stehen.

„Ich bin am Theater groß geworden und fand es hinter der Bühne immer spannender als darauf", erzählt der Tapezierer. Seine Mutter hat als Sekretärin und in der Kostümabteilung im Friedrichstadtpalast gearbeitet. Nach der Raumausstatter-Ausbildung und der Armeezeit hat er gleich beim Berliner Ensemble angefangen. „Das liegt uns so im Blut. Mein Bruder arbeitet auch hier, oben auf dem Schnürboden."

Dirk Kösling verbringt viel Zeit am Theater, tagsüber, abends und an den Wochenenden. Dafür darf er mehrmals im Jahr mit auf Gastspielreisen nach Italien, Spanien, Frankreich, Griechenland oder Südamerika. Aufregend wird es für ihn immer, wenn er seine Stoffe und Möbel bei den Vorstellungen betreut. Bei „Leonce und Lena" steht er ständig auf der Bühne. Nach jedem Lied werden Teppiche, Tücher und Vorhänge ausgewechselt.

Nie ist man vor Überraschungen sicher. Einmal musste er beim „Kaukasischen Kreidekreis" Hals über Kopf zum Umbau, weil die Schauspieler acht Seiten Text übersprungen haben. Ein anderes Mal wurde der „Sommernachtstraum" nach der Premiere so stark bearbeitet, dass am Ende niemand mehr wusste, wann welche Umbauten stattfinden sollten. In seltenen Fällen kommt aber auch ganz plötzlich der Blackout: „Ich weiß ganz genau, ich muss den Thron wegnehmen und den kleinen Stuhl hinstellen. Dann gehe ich hinaus auf die Bühne – und habe keine Ahnung mehr, was ich dort will."

Hinter der Bühne wartet der Schauspieler auf seinen Auftritt und der Tapezierer auf seinen Umbau. „Manchmal redet man miteinander. Gerade die großen Stars sind da oft ganz locker", meint Kösling. Manchmal konzentriert sich aber auch jeder nervös auf seinen Einsatz. Kennen denn Tapezierer auch Lampenfieber? „Na, ich schon", antwortet der erfahrene Handwerker. „Vor allem bei einer Premiere bin ich ganz schön flatterig."

Die Frackschleife muss sitzen

Der Ankleider

Ja, können sich die Sänger denn nicht allein anziehen?" Diese Frage hat Stefan Bock schon oft gehört. Unter dem Beruf des Ankleiders können sich die meisten Leute nicht viel vorstellen. Dabei gibt es allein an der Deutschen Oper Berlin 14 hauptberufliche Ankleider und zahlreiche Aushilfen. Sie sorgen dafür, dass die Sänger immer die richtigen Kostüme mit den passenden Accessoires tragen. Sie helfen hinter der Bühne, wenn sich der Sänger innerhalb von einer Minute umziehen muss, nähen in Windeseile Knöpfe und abgerissene Ärmel wieder an. Sie sind für kleine Änderungen, die Instandhaltung und Reinigung zuständig. In den Kostümbüchern der Ankleider steht alles über die Kostüme und Abläufe der Opern.

Der Ankleider muss wissen, wie man einen Sari wickelt und was eine Achterkrause ist. Historische Kostüme, die geschnürt oder hinten zugeknöpft werden, sind oft kompliziert. Die breiten Schärpen in der „Bajadere" müssen auf bestimmte Art gewickelt werden. Es gibt sogar Kostümbildner, die ganz bestimmte Krawattenknoten vorschreiben.

„Einen Frack muss man auch anziehen können", erklärt Stefan Bock. „Die Schleife muss sitzen. Das Hemd wird an die Hose geknöpft, und auch die Weste wird festgeknöpft. Sonst würde alles herausrutschen, wenn die Sänger die Arme hochreißen." Stefan Bock ist Abteilungsleiter der Herrenankleider am Opernhaus. Er hat schon als Kind gern genäht und im Opernchor gesungen. Nach der Schneiderlehre, einem Designstudium und einer selbstständigen Phase hat er an der Deutschen Oper zunächst in der Schneiderei gearbeitet. Vor zwölf Jahren ist er zu den Ankleidern gewechselt: „Der Abenddienst liegt mir mehr, ich liebe den Kontakt zu den Künstlern und den Vorstellungen."

Improvisationstalent braucht man in dem Beruf, denn seltsame Pannen gibt es immer wieder. „Im „Ring um den Ring" sind den Tänzern hin und wieder die engen Hosen aufgeplatzt. In einer Vorstellung von „La Traviata" ist der Diener der Flora mit der Weste an der Türklinke hängen geblieben. Das Stück hing vollkommen zerfetzt am Körper und musste schnellstens mit großen Stichen und Sicherheitsnadeln geflickt werden. Alle Ankleider an der Bismarckstraße haben eine Schneiderausbildung gemacht. Eine Schere und Nadeln mit Fäden liegen hinter der Bühne immer bereit.

Die Ankleider müssen wissen, welche Sorte von Bühnenblut in einer Oper verwendet wird. Schließlich sollen sie die Flecken an der Kleidung nach dem Mord beseitigen. Die rote Körperschminke in „Cassandra/Elektra" muss auch nach jeder Vorstellung aus dem Kostüm entfernt werden.

Wenn die Sänger Zigarettenetuis oder Schreibblöcke bei sich tragen, sind auch die Ankleider dafür zuständig, dass sich die Requisiten immer in derselben Tasche befinden. Sie dürfen auch nicht vergessen, dem Siegfried seine Tarnkappe ins Zelt zu legen. In einer Vorstellung von „Luisa Miller" hatte der Sänger sein Messer vergessen, mit dem er die Geliebte erstechen sollte. Es folgte der Einruf: „Herr Bock, bitte zur Bühne kommen". Der Ankleider zog sich schwarz an, schlich hinter die Kulisse und reichte dem Sänger möglichst unauffällig sein Mordwerkzeug.

Leicht haben es die Ankleider mit einer Oper wie der

„Zauberflöte". „Da tragen alle Judoanzüge, das läuft wie von selbst", erzählt Stefan Bock. Kompliziert wird es bei „La Bohème". 400 Darsteller spielen mit, allein 80 Statisten, und alle wollen angezogen werden. Aufregend sind Opern wie „Turandot", „Der Barbier von Sevilla" oder „Eugen Onegin", in denen es viele schnelle Umzüge hinter Paravents auf der Seitenbühne gibt.

Anstrengend finden die Ankleider die Oper „Rienzi". 120 Choristen tragen eine Militäruniform und ein Fantasiekostüm übereinander. Alle ziehen sich auf der Bühne aus – Jacken, Hüte, Masken und Schuhe – und werfen die Kleidungsstücke nach hinten. „Wir müssen hinterher alles wieder auseinandersortieren", stöhnt Chefankleider Bock. In jedem Kostümteil stehen Name, Rolle und Oper.

Vor den Vorstellungen werden die Kostüme aus dem Fundus angeliefert. Die Ankleider sortieren sie und hängen sie in der richtigen Reihenfolge in die Garderoben. Wenn es Umbesetzungen gibt, Opern lange nicht gespielt wurden oder Sänger zugenommen haben, muss Stefan Bock Anproben ansetzen. „Das erfordert manchmal diplomatisches Geschick, wenn die Sänger steif und fest behaupten, sie hätten ihr Gewicht gehalten. Überhaupt ist der Umgang mit den Künstlern ein wichtiges Thema.

Für manche Sänger kocht Stefan Bock Tee zur Beruhigung, einige möchten zur Bühne begleitet werden, andere vertragen keine Blumen oder finden, dass alles schlecht riecht. „Wir lüften dann stundenlang die Garderobe", meint Bock, der sich auch ein bisschen als Seelsorger sieht. „Manche sind sehr empfindlich. Dann ist das Kostüm zu dick, die Wolle kratzt oder der Kragen ist zu eng." Sänger tragen nicht gern Hüte, weil sie dann schlechter hören. Es gibt auch einige, die sich keine Glatze aufkleben lassen wollen. „Die jüngere Generation von Stars ist pflegeleichter", meint Stefan Bock. „Aber mal ehrlich: Wir lieben das doch alle. Was wären die Stars ohne ihre kleinen Spleens?"

Für einen guten Stand
Die Schuhmacherin

Von Rolando Villazón hat sie einen Fußabdruck. Anna Netrebko war schon persönlich bei ihr, um Schuhe anzuprobieren. Stars und Statisten, Schauspieler und Chorsänger – gut sitzende Schuhe brauchen sie alle. „So ein Auftritt hat viel mit dem Auftreten zu tun", sagt Kornelia Thon. „Man darf das ja nicht unterschätzen." Die Meisterin leitet die Schuhmacherei im Bühnenservice der Stiftung Oper in Berlin. Dort arbeiten die neun Schuhmacher der drei Opernhäuser zusammen. Auch für die Produktionen vom Deutschen Theater und Berliner Ensemble stellen sie die Schuhe her.

Vor dreißig Jahren haben die Theaterschuhmacher die meisten Schuhe noch selbst hergestellt. Heute werden viele Schuhe gekauft und dann dem Stück entsprechend geändert. „Wenn man sie mit großen Laschen und Schnallen ausstattet, werden sie zu Barockschuhen", erzählt Kornelia Thon. Natürlich kann man nicht alles kaufen. Manchmal brauchen die Häuser im Winter Sandalen oder eckige Modelle, während nach der Mode gerade alles spitz aussieht.

Vieles kann man auch im Fundus finden. Schließlich hat jedes Opernhaus im Lauf der Jahre ungefähr 30.000 Paar Schuhe gesammelt. Vieles passt allerdings nicht mehr. „Vor ein paar Jahrzehnten waren die Männer schlanker und hatten viel kleinere Füße", meint die Schuhmacherin. „Heute wird mehr Sport getrieben, dadurch haben die Menschen dickere Waden."

Wenn eine Neuproduktion ansteht, bekommt die Schuhmacherin die Figurinen und spricht mit dem Kostümbildner über die Materialien und die speziellen Anforderungen. Sie muss wissen, auf welchem Boden sich die Sänger oder Schauspieler bewegen. Gibt es Besonderheiten wie Wasser, Sand, Gestein oder hügeliges Gelände? Müssen die Darsteller rutschfest auf einer schrägen Ebene stehen, oder sollen sie – im Gegenteil – schlittern und schlurfen? Manchmal müssen sie besonders laut oder leise gehen, oder der Regisseur wünscht sich einen speziellen Klang für das Stampfen der Soldatenstiefel.

Die Schuhmacher nehmen zunächst Maß. Von den Ensemblemitgliedern haben sie bereits die Maße bzw. Trittspuren in dicken Aktenordnern. Große Stars bringen oft ihre eigenen Schuhe mit. Sonst schicken sie ihre Maße, oder die Schuhmacherei besorgt sich die Blaupausen-Abdrücke der Füße aus einem anderen Theater. Nach den Schnitten werden die Modelle angefertigt, dann die Schäfte und die Böden. Manchmal bekommen sie dann noch Farbe in der Kostümmalerei.

Die Schuhmacherei sorgt dafür, dass alle einen guten Stand haben. Die Sänger oder Schauspieler haben immer das letzte Wort. „Sie müssen sich in den Schuhen wohlfühlen, dann haben sie eine ganz andere Aura. Nicht jeder kann auf hohen Hacken laufen", erklärt Kornelia Thon. Manche möchten besonders leichte oder schwere Schuhe. Eine Sängerin wollte den Boden unter den Füßen spüren und hat ganz besonders dünne Sohlen bekommen. Und natürlich gibt es Absätze und Einlagen für kleine Männer.

In einer Zeit, in der Schuhe immer preiswerter und schlechter werden, ist Theaterschuhmacher schon ein Traumberuf. „Wir müssen alles können, und die Vielseitigkeit macht großen Spaß", sagt Kornelia Thon. Sie macht für die Theater neben den modernen und historischen Stiefeln, Pumps und Sandalen auch noch andere kleine Lederarbeiten wie Taschen und Gürtel. Schließlich haben die Theater keine eigenen Täschner. Auch Schuhmacher gibt es nur noch an wenigen Häusern.

Kornelia Thon hat nach der Lehre in der Orthopädie gearbeitet und sich eine Zeit lang in der Modewelt umgesehen, bevor sie 1996 an die Deutsche Oper gegangen ist. Von ihrer damaligen Entscheidung ist sie hundertprozentig überzeugt: „Ich bin sehr glücklich am Theater. Ich möchte nichts anderes machen."

Spannend wird es immer vor den Premieren. Passt am Ende wirklich alles, und sind die Sänger zufrieden? Wenn sich während der Vorstellung die Schnalle löst oder der Schaft reißt, sind Improvisationstalent und Klebeband gefragt. Danach kommen die defekten Schuhe dann zur Reparatur in die Schuhmacherei. „Hin und wieder ist es schon erschreckend, was da zurückkommt", sagt Kornelia Thon. Manche Schuhe fallen regelrecht auseinander. Den dreißig Jahre alten Schuhen aus dem Fundus sieht man manchmal nicht an, wie marode sie sind.

Am liebsten stellt die Meisterin Fantasieschuhe her oder bewältigt spezielle Aufgaben: Sohlen für Ganzkörperanzüge oder ein Walfischknochenbein. Auch die Riesen im „Rheingold", die mit Stelzen in Skistiefeln laufen, hat sie gern ausgestattet. Viel Freude hat die Kinderoper „Die Schneekönigin" an der Komischen Oper gemacht. Da gab es lustige, bunte Clownsschuhe, filigrane Vogelfüßchen und Rentierhufe. Die Ergebnisse ihrer Arbeit begutachtet sie dann gemeinsam mit tausenden von Opern- und Theaterfreunden. Bei fast jeder Produktion sitzt Kornelia Thon im Publikum.

Leinwände im XXL-Format
Der Theatermaler

Manchmal sitze ich ein paar Stunden lang vor der weißen Leinwand. Ich starre ewig auf diese Wahnsinnsfläche, bevor ich den Mut zum Anfangen bekomme. Das ist wie Lampenfieber", erzählt Andreas Geissel. Wahrscheinlich geht es vielen Malern so. Nur sind die Leinwände, die der Theatermaler füllen muss, oft acht mal vierzig Meter groß.

Für die Uraufführung von Marius von Mayenburgs „Perplex" hat der Leiter des Malsaals an der Schaubühne einen riesigen Bühnenprospekt mit einer Stadtansicht gemalt. Vollkommen realistisch wirken seine Häuser, die Bäume und der Himmel. Solche Prospekte, die Wände des Bühnenbilds, passen das Atelier neben der Schaubühne nicht hinein. Dafür gibt es noch einen richtig großen Malsaal in Moabit. Früher hat Andreas Geissel beim Fernsehen gearbeitet. Da waren die Decken so hoch, dass er die XXL-Bilder an der Wand malen konnte, indem er mit einem elektrischen Wagen nach oben und unten fuhr. In seinem Schaubühnen-Malsaal spannt er die Leinwände auf dem Fußboden auf.

Als Vorlage hat er von der „Perplex"-Bühnenbildnerin ein am Computer bearbeitetes Foto bekommen. Erst denkt er über die Poportionen nach und überlegt, wie sich das kleine Foto auf die Riesenfläche übertragen lässt. Dann zieht er sich seine weichen Spezialschuhe an, mit denen er über die Leinwand tanzen kann. „Irgendwann kommt der Punkt, da vergisst man die

Angst und fängt an", erzählt Andreas Geissel, der seit zwanzig Jahren an der Schaubühne arbeitet. „Ein bisschen Angst ist gut. Wenn man einfach mit Routine an so eine Arbeit geht, fehlt die Spannung."

Mit dem Kohlestab zeichnet er das Bild vor. Dann kommen die Bürsten und Pinsel mit den langen Stielen oder die Spritzpistole zum Einsatz. Geissel gehört nicht zu den Malern, die oben links in der Ecke anfangen und sich Meter für Meter bis unten rechts vorarbeiten. „Ich brauche Atmosphäre, bei mir muss das Bild wachsen." Ab und zu klettert er auf eine Leiter, um das Gesamtbild besser beurteilen zu können, aber erst auf der Bühne mit der richtigen Beleuchtung entfaltet es seine Fernwirkung.

Er malt auch nicht immer fotorealistische Landschaften, Skylines und Rundhorizonte. Mehrfach hat er mit Robert Wilson zusammen gearbeitet. Für dessen Produktion „Die Krankheit Tod" hat er acht Prospekte mit wilden Kohlestrichen gefüllt, die er genau nach Wilsons Vorlage auf die Leinwand bringen musste. Es war 1991 eine seiner ersten Arbeiten für die Schaubühne. „Solche schwarzen Striche kann man nicht zentimeterweise malen. Die brauchen die richtige Energie. Man muss den Anfangs- und Endpunkt fixieren – und dann einfach losrennen", meint der Theatermaler.

Den Riesenkohlestift dafür hat er selbst gebastelt, wie so manches andere Werkzeug. Erfindungsgeist ist gefragt in dem Beruf. Geissel weiß genau, wie er in Windeseile die ganze Bühne mit gemaltem Nussbaumholz auskleiden kann. „Dafür nehme ich nicht den Pinsel, sondern einen Besen", lacht der Künstler. Die Schraffierungen in „Die Sommergeschwister" hat er mit mehreren aneinander gebundenen Pinseln gemalt.

Im Malsaal arbeiten neben dem Theatermaler noch ein Bühnenmaler und eine Theaterplastikerin. Bühnenmaler absolvieren eine dreijährige Lehre und werden mehr für die handwerklichen Arbeiten eingesetzt, wenn zum Beispiel Holz oder Marmor imitiert werden müssen oder einfach nur eine Requisite oder ein Bühnenteil in einer Farbe angestrichen werden sollen. Theatermaler haben an der Kunsthochschule in Dresden studiert und sind für die künstlerischen Arbeiten auf den Hängern und Prospekten zuständig.

„Bei uns ist die Abteilung so klein, dass wir natürlich Hand in Hand arbeiten", sagt Andreas Geissel, der sich über den lebendigen Teamgeist an der Schaubühne freut. Einmal musste kurz vor der Premiere alles neu gestrichen werden. „Da haben Mitarbeiter aus allen Abteilungen geholfen – die ganze Nacht hindurch."

In diesem Jahr hat Geissel drei große Bühnenprospekte gemalt. „Manchmal ist jahrelang nur eine schwarze Bühne gefragt. Jetzt kommt die Malerei wieder in Mode", freut sich der begeisterte Theaterkünstler, der nach Feierabend im heimischen Atelier seine eigenen Bilder malt.

Aber auch ohne Prospekte ist in seinem Malsaal immer etwas los. Für die aktuelle Werbekampagne der Schaubühne hat er ganz fotorealistisch die Schauspieler gemalt. Vor Wiederaufnahmen müssen die alten Dekorationen aufgefrischt werden. Auch Transportschäden reparieren die Maler geduldig. Manchmal sieht man nicht einmal, was die Maler geleistet haben. Der Betonboden für „Personenkreis 3.1" sah so täuschend echt aus, dass alle sagten: „Na, diesmal hattet ihr ja gar nichts zu tun".

Für „Othello" musste Lehm auf die nasse Bühne. „Wir haben monatelang tausend Experimente mit verschiedenen Materialien gemacht, um künstlichen Lehm herzustellen", erzählt er. Der Lehm aus Gips löste sich im Wasser auf. Der Lehm aus Schaumstoff wurde nach ein paar Tagen grün. Viele Nächte haben die Theatermaler auf der Bühne verbracht. „23 Uhr ist die Probe vorbei, dann haben wir Zeit", meint Geissel. „10 Uhr vormittags fangen die Proben wieder an. Dann muss alles trocken sein."

Bis zur Premiere sind immer alle Probleme gelöst. Hin und wieder stehen allerdings die Maler noch mit dem Pinsel auf der Bühne, wenn die Zuschauer schon im Foyer sind. „Ich bin jetzt so lange dabei", überlegt Andreas Geissel. „Irgendwann müsste doch Routine einkehren. In Wirklichkeit stehe ich ständig vor neuen Herausforderungen."

Training mit den Tänzern

Der Ballettmeister

„Ich singe immer mit", sagt Tomas Karlborg lachend auf die Frage, was er anders macht als seine Kollegen. Es heißt, die Tänzer hätten in seinen Trainingsstunden besonders viel Spaß. Der schwedische Ballettmeister des Staatsballetts Berlin pflegt seinen eigenen Stil. Er singt und tanzt in den Übungsstunden, lockert mit Humor die Stimmung auf und steckt die Tänzer mit seiner guten Laune an. Wenn es dann darauf ankommt, sind aber alle ganz konzentriert und diszipliniert bei der Sache. Schließlich steht nichts Geringeres als die Abendvorstellung auf dem Spiel.

Als Ballettmeister hat Karlborg die Aufgabe, das tägliche Training und die Proben zu leiten. Der ehemalige Erste Solotänzer braucht neben seinem Fachwissen viel Menschenkenntnis, Einfühlungsvermögen und Improvisationstalent. Bei einer Gastspielreise nach Japan grassierte eine Grippewelle in der Compagnie. „Eine Katastrophe - da schrillen alle Alarmglocken", meint er. „Wir sind alle den ganzen Tag mit Mundschutz herumgetanzt." Tomas Karlborg musste die Krankheitsausfälle auf der Bühne kompensieren. „Zwei bis drei Tänzerinnen nahmen den Platz von einer erkrankten Kollegin ein."

Tänzer sind mit Hochleistungssportlern vergleichbar. Ihre Tagesform ist sehr unterschiedlich. „Ich bin gleichzeitig Vater, Freund und Arzt. Ich muss einschätzen können, von wem man wann die Höchstleistung fordern kann.", erzählt Tomas

Karlborg. Er betreut meist die Gruppe, also bis zu 50 Tänzer gleichzeitig. Bei den Proben spricht er englisch, aber auch französisch, deutsch und russisch. 27 Nationalitäten und noch mehr Temperamente sind im Ensemble vertreten. Meist arbeitet er mit den Tänzern an zwei, drei Produktionen gleichzeitig.

Wenn neue Stücke erarbeitet werden, sitzen die Ballettmeister neben dem Choreografen und lernen mit den Tänzern alle Bewegungen mit. An großen, abendfüllenden Produktionen wie „Esmeralda" sind alle fünf Ballettmeister des Staatsballetts beteiligt und teilen untereinander auf, wer welche Schritte lernt. Später sind die Ballettmeister dafür verantwortlich, dass die Choreografie nach Jahren noch so aussieht wie bei der Premiere. Sie müssen auch neuen Ensemblemitgliedern die Schritte zeigen können. DVD-Aufzeichnungen und die Tanznotation, die die Choreologin anfertigt, dienen dabei als Erinnerungsstützen.

Jeder Tag beginnt mit dem Training von 10.30 Uhr bis 11.45 Uhr. „Wenn abends ein großes, anstrengendes Ballett wie ‚Schwanensee' auf dem Spielplan steht, lege ich das Training nicht so hart aus. Ansonsten baue ich schon die schwierigen Stellen aus den kommenden Produktionen ein", erzählt der Ballettmeister. Dann folgen die Proben von 12-14 Uhr und von 14.30-18 Uhr. Oft sitzt Karlborg dann abends noch in der Vorstellung und hält auf einem Diktiergerät alle fehlerhaften Stellen fest, die am folgenden Tag noch einmal geübt werden müssen.

In früheren Jahrhunderten diente der Tanzmeister als Tanzlehrer des Hofstaats. Gleichzeitig war er für die Tänze bei den Festen und in den Produktionen am Hoftheater verantwortlich. Im 19. Jahrhundert entwickelte sich daraus der Beruf des Ballettmeisters, der eine professionelle Compagnie anleitet. Marius Pepita, Tatjana Gsovsky, George Balanchine, Rudolf Nurejew – viele bedeutende Tänzer und Choreografen haben auch als

Ballettmeister gearbeitet. Heute ist der Beruf sehr beliebt bei Tänzern nach ihrer aktiven Zeit.

Ungefähr mit vierzig Jahren ist eine Ballettkarriere vorbei. „Manche Tänzer wollen danach gar nichts mehr mit Ballett zu tun haben, machen ein Restaurant auf oder werden Automechaniker", erzählt der 49-jährige Tomas Karlborg. Andere versuchen sich als Choreografen, werden Physiotherapeuten, eröffnen Ballettschulen oder arbeiten wie er selbst als Ballett- und Trainingsmeister. „Leicht ist der Wechsel nicht, wir haben uns alle von Kindheit an nur auf das Tanzen konzentriert."

Mit elf Jahren hat er an der Ballettschule im Königlichen Opernhaus von Stockholm angefangen. Sieben Jahre hat die strenge Ausbildung gedauert. Jedes Jahr wurden die schwächsten Schüler ausgesiebt. Tomas Karlborg bekam mit 19 Jahren sein erstes Engagement an der Norwegischen Nationaloper und wechselte dann 1981 zur Oper Bonn. „Ich hatte große Erwartungen an die deutsche Hauptstadt. Meine Ankunft am Bonner Hauptbahnhof war ein Schock", erinnert er sich.

In der Kleinstadt fühlte er sich nicht richtig wohl, aber in Berlin ist er mit seiner Frau, zwei Söhnen und einem Hund heimisch geworden. 1983 trat er ins Ballettensemble der Deutschen Oper Berlin ein, sechs Jahre später wurde er Erster Solotänzer und übernahm zahlreiche große Partien wie Onegin und Fürst Gremin in Crankos „Onegin", den Anführer in Béjarts „Le Sacre du Printemps", Wotan und Gunther in Béjarts „Ring um den Ring". Nun ist er Ballett- und Trainingsmeister, seit 2004 beim Staatsballett Berlin.

„Es war erst einmal schwierig, in dieser Führungsrolle vor den ehemaligen Kollegen zu stehen. Ich wusste ja genau, was sie denken", erzählt er. Inzwischen ist er sehr zufrieden mit seinem zweiten Beruf. Ab und zu steht er auch noch auf der Bühne, etwa als Vater Stahlbaum im „Nussknacker". „Ich trete aber nur als Charakterdarsteller auf", sagt er. „Im Training bin ich aktiver als in den Vorstellungen." Ein leichtes Leben hat er als Ballettmeister nicht. Trotzdem findet er, dass er viel Glück hatte. Die großen Rollen und das Rampenlicht fehlen dem humorvollen Schweden nicht mehr: „Sollen doch mal die anderen die Lorbeeren holen."

Schnee für die „Zauberflöte"
Der Schnürmeister

Wenn es in der „Zauberflöte" schneit, zieht weit oberhalb der Bühne jemand an einem Seil. „Wir bewegen das Schneenetz hin und her, damit sich die Schneeflocken daraus lösen", verrät der Schnürmeister Peter Herrmann. Auch wenn die Rheintöchter im „Rheingold" in den Stoffwellen baden, sind es Herrmann und seine Kollegen, die die Wasserschleier mit Feingefühl auf und ab bewegen. Viel Theaterzauber findet auf dem Schnürboden statt.

Der Schnürboden der Deutschen Oper Berlin hat vor allem Prospektzüge, das sind Stangen, an die bemalte Theaterwände, Dekorationen, Requisiten oder auch Menschen gehängt werden können. Neben den geraden Stangen gibt es noch Rundbügel und Punktzüge, die ganz flexibel an jeden Ort gelegt werden können. Jeder Zug trägt maximal 300 kg. Bei größeren Gewichten, etwa wenn der mächtige Zeittunnel im „Ring des Nibelungen" aufgebaut wird, müssen mehrere Züge zusammenarbeiten.

An manchen großen Bühnen funktionieren alle Züge elektrisch und computergesteuert. An kleineren Theatern gibt es ausschließlich mit Menschenkraft bediente Züge. An der Deutschen Oper gab es lange Zeit zur Hälfte E-Züge und zur Hälfte Handzüge. Bevor die drei Schnürmeister und ihre sechs Mitarbeiter per Hand an den Seilen etwas hochzogen oder herabließen, wurden noch weiter oben auf dem Rollenboden Gegengewichte eingesetzt. „Wer auf den Rollenboden klettert, darf nichts in den Taschen haben", erklärt Schnürmeister Herrmann, „denn auch er ist teilweise offen. Ein Schraubenzieher oder ein Feuerzeug kann 27 Meter weiter unten auf der Bühne großen Schaden anrichten."

Auch sonst ist die Unfallgefahr nicht zu unterschätzen. Vor einigen Jahren ist ein Schnürmeister beim Einrichten von „Lohengrin" tödlich verunglückt. Er ist an einer Wand hochgeklettert, hat sich mit einer Hand festgehalten und mit der anderen einen Plafond an die richtige Stelle gezogen. „Er hatte das Pech, dass er auf einer Leiste stand, die nur ans Sperrholz angetackert war. Das ist abgerissen, Klaus ist abgestürzt und mit dem Kopf auf einen Gitterrost gefallen. Ich habe ihm noch den Kopf gehalten, aber er ist gleich hier gestorben", erinnert sich Peter Herrmann. Der Sohn des verunglückten Kollegen, der auch auf dem Schnürboden beschäftigt war, hat zwei Jahre pausiert, kam dann aber doch wieder zur Arbeit.

So dramatisch sind die Unfälle selten. Peter Hermann erinnert sich auch an einen seiner Mitarbeiter, der während der Vorstellung beim Einhängen eines Prospekts, also einer bemalten Wand, in den Orchestergraben fiel, sich umdrehte, verbeugte und wieder auf die Bühne kletterte. Bei einer „Don Giovanni"-Vorstellung fiel erst ein Prospekt um, dann flog ein Golfschläger durch die Luft, und schließlich musste abgebrochen werden, weil ein Statist im Graben landete. Daran waren die Schnürmeister dann aber nicht mehr Schuld.

Verantwortungsbewusst und reaktionsschnell müssen Mitarbeiter des Schnürbodens sein. Eine gute Auffassungsgabe ist so wichtig wie körperliche Fitness und Computerkenntnisse. Eine Ausbildung nur für den Schnürboden gibt es nicht. Heute werden gern gelernte Veranstaltungstechniker eingestellt. Peter

Herrmann kam 1971 aus der U-Bahn und sah an der Deutschen Oper ein Schild „Bühnenarbeiter gesucht". Kurz entschlossen stellte er sich vor, fing auf der Bühne an und fand nach acht Monaten seinen Platz auf dem Schnürboden.

Mit der Ernennung zum Schnürmeister ist er 1994 Vorarbeiter geworden, macht die Dienstpläne und schreibt im Computer für jede Opernproduktion auf, was wann an welchem Zug wohin gefahren werden muss. „In diesem Beruf sitzt man manchmal drei Stunden lang nur herum. Aber wenn man dann gefragt ist, geht es gleich von 0 auf 100. Man muss hellwach sein und darf sich keine Fehler erlauben", sagt Herrmann. Die Frühschicht betreut die Proben, die Spätschicht die Vorstellungen.

Das „Evita"-Gastspiel hat die Schnürboden-Mitarbeiter auf Trab gehalten. „Das ging in einem Höllentempo, tausend Dinge mussten auf den Zentimeter genau aneinander vorbei", meint Herrmann. „Die Trojaner" sind im eigenen Repertoire des Hauses die anspruchsvollste Aufgabe für den Schnürmeister. Das Stück hat besonders viele Verwandlungen. Während sonst ein Dreierteam für die Vorstellung ausreicht, müssen hier zwei Mann die Züge fahren, und zwei andere an der richtigen Stelle stopp sagen. Bewegt werden Schiffsmasten, Pferdekopf, Pferdefuß und ein Riesengitter, auf dem zahlreiche Statisten festgeschnallt sind.

Irgendwann wollte das alte Computerprogramm für die E-Züge nicht mehr arbeiten. Eine „Don Giovanni"-Premiere musste von Hand betrieben werden. Inzwischen wurde der Schnürboden gründlich saniert. Nun gibt es nur noch computergesteuerte E-Züge. Körperlich wird die Arbeit dadurch einfacher, schwere Gewichte muss niemand mehr schleppen. Den Schnee in der „Zauberflöte" und die Wogen für die Rheintöchter übernimmt jetzt aber auch der Computer und nicht mehr die einfühlsame Hand von Peter Herrmann.

Drei Stunden für eine Geigenstimme
Der Notenkopist

Viele denken, dass ich den ganzen Tag am Fotokopierer stehe", sagt Bertram Joachim und lacht. Seine Arbeit als Notenkopist an der Komischen Oper sieht etwas anders aus. Sein Beruf steht in der Tradition der Notenstecher. „Eigentlich sollte es eher Notenhersteller oder Notenschreiber heißen", erklärt er.

Notenkopisten, die selbstständig oder bei Musikverlagen arbeiten, schreiben mit Programmen wie „Finale" oder „Sibelius" Noten in den Computer, die gedruckt werden sollen. Wenn es sich um die Ausgrabung eines historischen Werks handelt, das nur in der schwer lesbaren Handschrift des Komponisten existiert, wird das Abschreiben zur musikwissenschaftlichen Forschungsaufgabe. An der Komischen Oper kommen die Noten der Opern schon in gedruckter Form aus den Verlagen. Bertram Joachim ist in erster Linie dafür zuständig, die Wünsche von Dirigenten und Regisseuren darin einzutragen.

Vor den Proben schreibt der Dirigent in seine Partitur viele Zeichen, die den Klang, die Artikulation, die ganze Interpretation der Oper beeinflussen. Er gibt an, an welchen Stellen die Geiger den Bogen aufwärts oder abwärts führen sollen, wo die Musiker lauter spielen oder die Töne miteinander verbinden sollen. Bertram Joachim muss die Zeichen in jede einzelne Stimme übertragen. An einer Geigenstimme sitzt er mindestens drei Stunden. Nach Anweisung des Dirigenten schreibt er manchmal auch eine Notenstelle neu und klebt sie in die Stimme ein. Vor der „Carmen"-Premiere werden einige Nummern gestrichen, die nicht gespielt werden sollen. Dann klebt Joachim die Seiten so zusammen, dass die Musiker sie leicht überblättern können.

Bertram Joachim ist mit dem Beruf aufgewachsen. Auch sein Vater war Notenkopist und hat für Komponisten wie Paul-Heinz Dittrich und Joachim Gruner gearbeitet. Joachim wurde zunächst Buchbinder und studierte dann Gesang im Bereich Tanz- und Unterhaltungsmusik. Nach der Wende suchte er doch einen festen Job, so kam er 1990 an die Komische Oper. In einer Band singt er nebenbei noch immer.

Eine Ausbildung zum Notenkopisten gibt es nicht. Ein Musikstudium ist die übliche Voraussetzung, ebenso wie eine leserliche Handschrift. Mit transponierenden und historischen Instrumenten muss man sich gut auskennen. Manchmal möchten Sänger eine Arie einen halben Ton tiefer singen, dann schreibt der Notenkopist sie um. Glucks „Armida" wurde an der Komischen Oper auf historischen Instrumenten gespielt. Da musste Joachim transponieren und völlig neue Hornstimmen anfertigen.

Auch die Regisseure versorgen den Notenkopisten mit Arbeit. „Bei Offenbachs ‚La Périchole' wurden ein paar Takte aus Wagners ‚Tristan'-Ouvertüre eingearbeitet", erzählt Bertram Joachim. Der Regieeinfall führte dazu, dass er die Ouvertüre ganz neu gestalten musste. Bei der Uraufführung von Christian Josts „Mikropolis" hatte er dagegen überhaupt nichts zu tun. Der Verlag hat die Noten nach den Vorgaben des Komponisten hergestellt. Da der Komponist seine Oper auch dirigiert hat, wurden alle Sonderzeichen erst bei den Proben erarbeitet und von den Musikern selbst eingetragen. So einen Fall erlebt der Notenkopist selten. Sechs bis acht Neuproduktionen bringt die Komische

Oper jedes Jahr heraus. In den Wochen vor den ersten Proben hat Joachim viel zu tun.

Der Beruf hat eine lange Tradition. Auch Mozarts Schwiegervater war Notenkopist. Zu allen Zeiten waren Fachkräfte gefragt, die Noten vervielfältigen und Stimmen für die einzelnen Musiker eines Ensembles herstellen konnten. Die ersten arbeiteten mit Feder und Tinte. Notenstecher stellten Druckvorlagen her, indem sie Noten in weiches Metall hämmerten. Joachims Vater hat Noten auf Transparentpapier geschrieben. Davon wurde eine Lichtpause angefertigt. So hat er auch selbst noch Ende der achtziger Jahre gearbeitet, als er für eine Magdeburger Aufführung die unbekannte Telemann-Oper „Flavius Bertaridus" abgeschrieben hat.

Seit Anfang der neunziger Jahre arbeitet er mit dem Computer. „Die Software ist inzwischen völlig ausgereift und eine große Hilfe", findet er. Wenn er nach getaner Arbeit in der Opernvorstellung sitzt, weiß er natürlich genau, wann die Stellen kommen, an denen er Seiten eingeklebt oder gestrichen hat und freut sich, wenn die Musiker gut mit seinen Noten zurechtkommen. „Noch lieber ist es mir aber, wenn mich das Bühnengeschehen so sehr fesselt, dass ich gar nicht darauf achte."

Schritte und Sprünge notieren
Die Choreologinnen

Manchmal werde ich ganz unsicher, wenn mir ein Tänzer eine Frage zu einer Choreografie stellt. Dann sehe ich in meinen Score - und schon kann ich die perfekte Antwort geben. Das sind einfach tolle Momente", erklärt Korina Stolz-Franke, und ihre Kollegin Marzena Sobanska-Höltz fügt hinzu: „Deshalb nennen wir den Score auch unsere Bibel. Es ist die Urform, auf die wir immer wieder zurückkommen." Die beiden Choreologinnen des Staatsballetts sind dafür verantwortlich, die neuen Choreografien für die Compagnie im Score aufzuschreiben. Alle Bewegungen, Schritte und Sprünge stehen in diesem Tanznotenbuch. So können die Stücke auch nach jahrelanger Pause wieder ganz exakt einstudiert werden.

Seit der Barockzeit gab es immer wieder Versuche, Tänze mit Bildern, Worten oder Symbolen zu notieren. In den letzten Jahrzehnten haben sich zwei Systeme durchgesetzt: die Laban-Notation, die in Amerika verbreitet ist, und die Benesh Movement Notation, die Rudolf Benesh in den fünfziger Jahren in England entwickelt hat und die auch das Staatsballett verwendet.

Die beiden Choreologinnen zeichnen zunächst einen Stage-Plan mit den Positionen der Tänzer im Bühnenraum. Darauf sehen die Tänzer aus wie Stecknadeln. Die Damen haben ausgefüllte, die Herren leere Köpfe. Die einzelnen Bewegungen werden dann Takt für Takt wie musikalische Noten in Systeme mit fünf Linien eingetragen. Jede Linie steht für ein Körperteil:

oben der Kopf, dann Schultern, Hüfte, Knie und unten schließlich die Füße. Ein vertikaler Strich zeigt an, dass die Bewegung vor dem Körper stattfindet. Ein Punkt signalisiert eine Bewegung hinter dem Körper. Ein Bogen unter dem System bedeutet „Sprung", ein Strich „Schritt". Ein Choreologe kann präzise notieren, ob die Handfläche abgewinkelt ist, nach oben oder unten zeigt.

„Man sieht den Körper fast schon in den Notenlinien tanzen, so bildhaft ist das", sagt Stolz-Franke. „Die Laban-Notation ist viel abstrakter." Benesh eignet sich besonders gut für die Aufzeichnung von klassischen Balletten. Bei modernen Choreografien, wenn es ausgeprägte pantomimische Elemente gibt oder die Tänzer auf dem Boden herumrollen, stößt sie an ihre Grenzen. Dann muss man im Score mit zusätzlichen Worten erklären, was gemeint ist.

Aufwändig ist die Arbeit der beiden Choreologinnen, die daneben als Ballettmeisterinnen noch für das Training und die Einstudierung verantwortlich sind. Oft brauchen sie zehn Stunden, um eine Minute Tanz zu notieren. „Wenn zwölf Paare dieselben Bewegungen machen, ist es ganz einfach. Aber wenn jedes Paar etwas anderes tut, benötigt man viel Zeit und Geduld", meint Sobanska-Höltz. Ein bis zwei neue Choreografien pro Spielzeit schreiben die Choreologinnen auf. Es dauert Jahre, bis sie eine Reinschrift mit allen Details fertig haben. In London sitzt das zentrale Archiv der Royal Academy of Dance, das die Tanznotationen sammelt.

Wenn ein Choreograf mit dem Staatsballett ein neues Stück probt, sitzt eine der Choreologinnen mit Bleistift und Notenpapier dabei und versucht, in der Benesh-Schrift so viel wie möglich mitzuschreiben. Gleichzeitig filmt sie die Probe, so dass sie die fehlenden Teile und die Einzelheiten später ergänzen kann. Die beiden Kolleginnen teilen sich die Arbeit, und so entsteht im Lauf der Proben der Score, ein Ringbuch voll mit Tanznoten.

„Es ist gut, bei den Proben mit dem Choreografen dabei zu sein. Man kennt dann seine Handschrift und weiß hinterher genau, was er wollte", sagt Marzena Sobanska-Höltz. Es kommt auch vor, dass sie aus London einen Score geschickt bekommt, nach dem sie einen Tanz einstudiert. Da bleibt dann trotz der präzisen Notation wie bei einem Musikstück Raum für Interpretation.

Die beiden Choreologinnen des Staatsballetts waren früher selbst Tänzerinnen. Nach der aktiven Karriere haben sie sich ein Jahr lang in London am Benesh Institute der Royal Academy of Dance zu Choreologinnen weiterbilden lassen. Eine Tanzausbildung, viel Geduld und Sorgfalt müssen Choreologinnen aufweisen.

In England hat jede größere Compagnie einen Choreologen. Die Werke von Kenneth McMillan und John Cranko sind alle notiert, Angelin Preljocaj beschäftigt eine persönliche Choreologin, mit der Korina Stolz-Franke in Aix-en-Provence „Schneewittchen" erarbeitet hat. In Deutschland entwickelt sich das Berufsfeld noch, nur eine Hand voll Compagnien in Berlin, Hamburg, München, Stuttgart und Leipzig leisten sich Choreologen.

Viele Ensembles arbeiten nur mit Videoaufzeichnungen, aber die beiden Choreologinnen des Staatsballetts sind von der Überlegenheit ihrer Technik überzeugt. Auf dem Video kann man nicht immer alles sehen, was im Bühnenhintergrund passiert. Manchmal gibt es kleine Fehler, wenn ein Tänzer zu langsam war oder eine Pose retten musste. Wenn man einen Tänzer eine Rolle nach einer DVD mit einem anderen Tänzer lernen lässt, besteht die Gefahr, dass er kopiert, statt seine eigene Interpretation zu finden. Im Score ist dagegen alles so objektiv wie möglich festgehalten. Korina Stolz-Franke: „Es sind Goldstücke. Man hat sie für immer und ewig."

Kostbarkeiten aus der Geschichte
Der Theaterarchivar

Staubig und bröselig" war es an seinem alten Arbeitsplatz. Der Theaterarchivar Karl Sand freut sich über die neuen, frisch renovierten Räume, die er mit seinen Dokumenten beziehen durfte. Schließlich ist das Deutsche Theater stolz auf seine reichhaltige Sammlung aus der mehr als 160-jährigen Geschichte. In einem Raum werden die alten Rollen-, Regie-, Souffleusen- und Inspizientenbücher untergebracht, im nächsten lagern Plakate in großen Schränken. Der Dunkelraum ist für Fotos, Negative und Büsten reserviert. Weitere Fotos und eine Handbibliothek bewahrt Karl Sand in seinem Büro auf. Daneben gibt es noch eine größere Bibliothek mit allen Büchern, die Dramaturgen und Intendanten im Lauf der Jahrzehnte angeschafft haben, und die Videoaufzeichnungen der Produktionen.

Karl Sand hat eine typische Theaterlaufbahn zurückgelegt. Der Literaturwissenschaftler und Historiker hospitierte 1996 bei Jürgen Goschs „Sommernachtstraum". „Das Probenfieber wirkte ansteckend", erinnert sich der Archivar, den das Theatervirus nicht mehr losließ. Ein Jahr lang erforschte er gemeinsam mit einem Dramaturgen die Geschichte des Hauses, durchstöberte brandenburgische Archive und Polizeiakten. Nach ein paar theaterfremden Berufsjahren wurde er 2003 Leiter der Komparserie am Deutschen Theater, dann Assistent des Geschäftsführenden Direktors. Nun unterstehen ihm Theaterarchiv und Bibliothek.

„Schön, dass die Theater Quereinsteigern eine Chance geben. Hier entstehen Karrieren, die in anderen gesellschaftlichen Bereichen nicht möglich wären", sagt er. Seine beruflichen „Umwege" möchte er nicht missen: „Ich war dem Bühnengeschehen nahe, durfte in ‚Nathan der Weise' auf der Bühne stehen und in der ‚Großherzogin von Gerolstein' den Thron von Dagmar Manzel schieben. Das sind einzigartige Erfahrungen, die mich auch als Archivar motivieren."

Seine ältesten Stücke sind Repertoirebücher aus den 1860er Jahren, als das Haus noch Friedrich-Wilhelmstädtisches Theater hieß. Darin sind all die frühen Lustspiele und Possen mit ihren Darstellern verzeichnet. Karl Sand verwaltet eine fast vollständige Serie von Bühnenjahrbüchern seit den 1880er Jahren. „Darin stehen viele Werke, die heute niemand mehr kennt", sagt er.

Eines seiner Lieblingsstücke ist das Rollenbuch zu „Die Macht der Finsternis", das Max Reinhardt für Adele Sandrock eingerichtet hat. Das erste Geschäftsbuch der Reinhardt-Ära listet alle Geldgeber des Theaters auf. Heinz Hilpert hat zu jeder Produktion ein einzigartiges Fotobuch angelegt. Es gibt zahlreiche Unikate, die zum theaterhistorischen Gedächtnis der Stadt Berlin gehören. Im Archiv lagert aber auch ein buntes Sammelsurium an losen Blättern, Briefen, Abrechnungen, Mahnungen und Telegrammen, auf denen Schauspieler ihre Verspätung ankündigen.

Manchmal stiften Schauspieler Teile ihres Nachlasses. Hin und wieder hat Karl Sand Glück und kann mit seinem kleinen Etat einen Brief oder ein Foto im Internet ersteigern, das eine Lücke im Bestand schließt. Andere Lücken sind Absicht. Einar Schleef zum Beispiel hat Videoaufzeichnungen seiner Produktionen verboten, und zum Leidwesen des Archivars hat er auch Fotos gehasst.

Seine Sorgenkinder sind die vielen Theaterzettel aus dem 19. und frühen 20. Jahrhundert, deren dünnes Papier mit der Zeit gelitten hat. In den neuen Räumen wird alles sachgerechter gelagert als vorher. Die Blätter kommen in Kartons, die Fotos in Papierhüllen. Karl Sand möchte Findbücher einrichten, das Archiv mit Computer-Software verwalten und eine eigene Internetseite einrichten. Alle Spielpläne seit 1883 will er dort veröffentlichen, angereichert mit digitalen Reproduktionen interessanter Dokumente.

Nicht nur die Dramaturgen des Hauses wenden sich mit Fragen an ihn. In die Schumannstraße kommen auch immer wieder Wissenschaftler, die zu theaterhistorischen Themen arbeiten. „Ein Student promovierte über Peter Hacks, da konnten wir natürlich helfen", erzählt er. Seine Unikate gibt er allerdings nicht mehr aus der Hand, zu viele unwiederbringliche Schätze sind so schon verloren gegangen. „Aber wir scannen und kopieren, wenn es möglich ist."

Besonders gern präsentiert er seine Wertstücke der Öffentlichkeit. In den letzten Jahren hat er schon eine ganze Reihe von Ausstellungen im Haus veranstaltet. „Früher gab es große Ausstellungen zu den Jubiläen des Hauses, und in der Zwischenzeit schlummerte alles im Archiv. Das ist nun anders geworden", erklärt Sand.

Gemeinsam mit der Akademie der Künste hat er eine Ausstellung über Heinz Hilpert organisiert. Auch zur Neuinszenierung von Gerhart Hauptmanns Schauspiel „Die Weber" hat er eine Präsentation erstellt. Karl Sand liebt es, sein Archiv zum Leben zu erwecken, und er ist sich sicher: „Die spannenden Themen gehen uns so schnell nicht aus."

Kostüme veredeln oder verschmutzen

Die Kostümmalerin

Viele Pfeile sollen im Körper des Sängers stecken. Eine alltägliche Aufgabe für die Kostümplastiker des Bühnenservice. „Diesmal ist es aber doch eine sehr spezielle Herausforderung", lacht Katrin Richter. Der Sänger in Achim Freyer Staatsopern-Inszenierung soll nämlich einen schwarzen Mantel über den Pfeilen tragen. Erst, wenn er ihn auszieht, sollen die Pfeile hochschnellen und sichtbar werden. Nun experimentieren die Mitarbeiter mit Spiralfedern und Gummipümpeln.

„Jeder Tag bringt neue, überraschende Aufgaben", sagt Katrin Richter, die die Abteilung „Kostümmalerei/Kostümplastik" leitet. Mit ihren fünf Mitarbeiterinnen sorgt sie dafür, dass Kostüme veredelt oder verschmutzt werden und schlanke Sänger dicke Bühnenwänste bekommen. Sie statten Schauspieler mit Flügeln, Buckeln, Wolfsköpfen oder einem zweiten Paar Arme aus. Auf dem großen Tisch in der Werkstatt liegt ein schwarzes Kostüm mit aufgeklebten Kunststoffknochen. „Herrn Freyer ist das zu plastisch, wir sollen die Knochen doch lieber aufmalen", erklärt Katrin Richter dazu.

Einen Tisch weiter bemalt eine Kollegin Plastikfrüchte für den „Parsifal" der Deutschen Oper. Gegenüber liegen die Proben für die fleischfarbenen, bemalten Ganzkörpertrikots. Dafür hat eine Kollegin sich die Siebdrucktechnik angeeignet. In diesem Beruf lernt man nie aus. An einem anderen Arbeitsplatz werden für eine Ballettpremiere Masken aus Varaform mit

Schlagmetall behandelt. „Varaform ist seit ein paar Jahren unser liebstes Material. Wenn man den Kunststoff auf 70 Grad erhitzt, kann man ihn in jede Form bringen", erklärt die Werkstattleiterin.

Im Spritzraum liegen graue Stiefel für „Schwanensee". „Sie sind gekauft, und wir dachten, wir hätten den Grauton genau getroffen. Es muss aber doch noch eine Nuance dunkler sein." Der Bühnenservice arbeitet regelmäßig für die drei Berliner Opernhäuser, das Deutsche Theater, aber auch für andere Häuser und Veranstalter. Wenn in einer Produktion Kostüme oder Schuhe zerschlissen sind, müssen sie auch nach Jahrzehnten ganz exakt wiederhergestellt werden.

Oft sollen Kostüme von vornherein zerschlissen, alt und schmuddelig aussehen. Katrin Richter und ihre Kolleginnen wissen genau, wie sie mit ihren Textilmalfarben Schmutz- und Schweißflecken echt aussehen lassen. „Das lernt man nur am Theater, nicht an der Kunsthochschule", sagt sie. Es ist auch ein großer Unterschied, ob sie für die Box des Deutschen Theaters arbeiten, wo das Publikum dicht an der Bühne sitzt, oder für die große Deutsche Oper, wo auch in der letzten Reihe noch alles zu sehen sein soll. Alle zwei Jahre treffen sich die Kostümmaler der deutschsprachigen Theater bei der Showtec und tauschen sich über die neuesten Materialien und Techniken aus.

Die Theaterplastiker stellen alles her, was am Körper getragen wird, auch Quallen, Tintenfische und andere kleine Meerestiere für „Die rote Zora". „Der Tintenfisch war eine besondere Aufgabe, die Arme sollten sich bewegen, und am Ende sollte er fliegen", erinnert sich Katrin Richter. Kostümbildner kommen mit ihren Entwürfen, manchmal auch mit Stoffproben. Dann fertigen die Kostümmalerinnen erst einmal Arbeitsproben an, zeigen sie vor und verändern sie auf Wunsch. Nach den ersten

Proben, wenn das Bühnenlicht auf die Kostüme scheint, ist oft noch einmal etwas auszubessern.

Im Theater muss alles leicht sein. Wenn die Soldaten im „Xerxes" mit ihren Rüstungen marschieren, bewegen sie sich nicht wirklich in schwerem Metall. Die Kostümmaler haben Kunststoffplatten vergoldet und dann noch bronziert, damit es alt aussieht. In dem Beruf ist viel Kreativität gefragt. Für die Veranstaltung einer Umweltorganisation war ein Dachskopf gefragt, der aber nicht teuer sein durfte. Also haben die Kostümplastikerinnen kurzerhand einen Delfin aus dem Fundus neu bezogen, mit Augen und Streifen ausgestattet, und schon war ein Dachskopf entstanden, dem man seine Herkunft nicht mehr ansah.

„Ich glaube, Helene Weigel hat unseren Beruf erfunden", überlegt Katrin Richter. „Am Berliner Ensemble waren in Brechts epischem Theater immer alte und schmutzige Kleidungsstücke gefragt. Sie hat dann angefangen zu experimentieren und die Kleider im Dreck zu vergraben." Bis heute gibt es keine Ausbildung für den Beruf. Katrin Richter hat an der Staatsoper den Beruf der Maßschneiderin gelernt und dabei ihre Liebe zur Kostümmalerei entdeckt. In Dresden studierte sie Kostümdesign, was wenigstens ein bisschen in die Richtung weist, und dann fing sie, wie geplant, an der Staatsoper bei den Kostümmalern an. Ihre Mitarbeiterinnen sind Theatermalerinnen, Textilzeichnerinnen oder Seiteneinsteigerinnen wie eine ehemalige Verkäuferin.

Jede Kollegin bringt spezielle handwerkliche Fähigkeiten mit, aber im Grunde müssen alle alles können. Jede Mitarbeiterin ist Kostümmalerin und Kostümplastikerin, alle malen, modellieren, spritzen und färben. „Der Beruf ist unglaublich vielseitig", sagt Katrin Richter. „Nur schade, dass der Raum für das ganz individuelle Arbeiten immer kleiner wird. Dadurch, dass wir jetzt für so viele Häuser arbeiten, geht es hier schon zu wie im Bienenstock."

Soldaten, Kellner oder Sargträger
Die Komparsen

Bloß nicht bewegen. Zwanzig Minuten lang müssen die Komparsen auf dem Bühnenboden ausharren. Dann beginnen sie zu kriechen wie Würmer, bevor sie mit ihren Körpern eine große Welle formen. Später wird es richtig nass, da liegen sie tatsächlich im Wasser. „Idomeneo" gehört für die Kleindarsteller der Komischen Oper zu den anstrengenden Produktionen. „Sie tragen Neoprenanzüge unter den Kostümen, damit sie am Ende nicht völlig durchnässt sind", erzählt Heike Maria Preuß, die Leiterin der Komparserie.

Kein Theater kommt ohne Statisten aus. Rund 30.000 Menschen gehen in Berlin dem bezahlten Hobby nach, die weitaus meisten allerdings beim Film. Die Komische Oper hat einen Stamm von 30 zuverlässigen Komparsen, die immer wieder eingesetzt werden. Heike Preuß hat noch weitere 120 Bewerber in ihrer Kartei. Bei Neuproduktionen wählt sie immer ein paar neue Leute für das Casting mit dem Regisseur aus. Das Wichtigste ist, dass sie musikalisch sind, damit sie ihre Einsätze finden. Sie müssen sich die musikalische Stelle merken können, an der sie als Würmer loskriechen, ein Schwert zureichen oder anderen Partygästen zuprosten müssen.

Was braucht man noch, um Komparse zu werden? „Die Liebe zur Oper, die Lust, sich auf der Bühne zu präsentieren, absolute Zuverlässigkeit und viel Zeit", antwortet Heike Preuß. Es ist ein tolles, aber aufwändiges Hobby. Vor einer Premiere ist man sechs bis acht Wochen lang mit 30 bis 40 Proben beschäftigt, zunächst drei bis fünf Mal pro Woche, am Ende hat man zwei Proben am Tag. „Leute mit einem normalen Bürojob nehmen sich dann Urlaub für die Endproben", weiß die Leiterin der Komparserie. Die meisten ihrer Stammkomparsen sind Studenten oder Rentner. Viele studieren Gesang, Schauspiel, Regie oder Musikwissenschaft. Andere haben früher als Tänzer oder in der Opernverwaltung gearbeitet.

„Klassische Rollen sind Soldaten, die über die Bühne marschieren, Gäste auf einem Ball oder Sargträger", erzählt Heike Preuß. Die meisten Statisten, 43 an der Zahl, braucht sie in „Salomé", wenn auf der Drehbühne ständig wechselnde Szenen aus Salomés Leben dargestellt werden. Ganz ohne Komparsen kommen nur „Orlando" und „Im Weißen Rößl" aus.

Eigentlich sind Statisten stumme Darsteller im Hintergrund. Komparsen nennt man sie, wenn sie etwas individueller agieren. Haben sie ein paar Sätze zu sagen, sind es Kleindarsteller. In der Praxis verschwimmen die Grenzen. Heike Preuß spricht meist von Statisten, ihre Abteilung nennt sich Komparserie, aber ihre Mitarbeiter heißen offiziell Kleindarsteller: „Das kommt noch aus Walter Felsensteins Zeit. Bei uns herrschen besonders hohe Ansprüche. Die Regisseure wissen, dass sie unseren Leuten viel abverlangen können." In „Kiss Me, Kate" mimen sie Showboys und tanzen. Im „Rigoletto" übernehmen sie als Affen, Clowns und Rigoletto-Doubles in riesigen Reifröcken größere Aufgaben. Oft spielen sie mehrere Rollen und wechseln hinter der Bühne die Kostüme. „Ein Clown darf fünf Mal die große Glocke schlagen. Das gibt 20 Euro extra", sagt Heike Preuß.

Wenn möglich, erfüllt Heike Preuß die Wünsche ihrer Mitarbeiter: „Manche möchten in ihrer Lieblingsoper mitspielen, andere mit einem bestimmten Regisseur oder Sänger zusammen arbeiten." Niemand übt dieses Hobby wegen der Bezahlung aus. 18 Euro bekommt ein Komparse für eine Probe, die bis zu drei Stunden dauert. 18 bis 125 Euro bringt eine Vorstellung ein, je nachdem, was die Rolle genau erfordert. Nach dem Honorarkatalog der Opernstiftung gibt es Zulagen für schweres Heben, ausführliche Schminksessions und langes Stillstehen. Die leicht bekleideten Komparsen in „Kiss Me Kate" und die nackten Männer in „Armida" freuen sich über Halbnackt- und Nacktzulagen.

Heike Preuß war neben ihrer Arbeit als chemisch-biologisch-technische Assistentin früher schon Statistin an der Deutschen Oper. Als ihre Firma geschlossen wurde, erfüllte sie sich ihren Theatertraum und wurde Souffleuse an der Komischen Oper. Seit elf Jahren leitet sie zusätzlich die Komparserie. Bei den „Meistersingern von Nürnberg" steht sie selbst mit auf der Bühne. Da gibt es 14 Häuser, die die Komparsen schieben, drehen, hin und her bewegen. „In den schweren Holzhäusern stecken Techniker, die uns helfen", verrät sie. Auch für die offenen Umbauten auf der Bühne sind neben den Chorsängern die Statisten zuständig. Da gilt es, Tische zu rücken, Stühle hereinzutragen oder Blumen zu arrangieren.

Die Aufgaben sind vielfältig. Wenn die Komparsen so tun sollen, als würden sie mitsingen, müssen sie den Text auswendig lernen. Manchmal dürfen sie auch ein Sätzchen sprechen. Bei „Hoffmanns Erzählungen" hätte am Ende einer der Sänger noch etwas sagen müssen, war aber an einem Abend nicht mehr da. „Einer meiner Kellner hat das dann übernommen", erzählt Heike Preuß.

Richtig berühmt geworden ist noch keiner ihrer Komparsen. Aber fließende Übergänge gibt es durchaus. Wenn ein Statist ein Rad schlägt oder kopfüber an einem Seil hängt, wird er als Artist engagiert und bezahlt. Der behinderte Junge in „Rusalka" ist auch einer von Heike Preuß' Komparsen, dabei ist das eine richtige Rolle. „Der Regisseur wollte ihn unbedingt haben. Also habe ich mit unserem Operndirektor gesprochen und dafür gesorgt, dass er einen Schauspielvertrag bekommt."

Den Zuschauern neue Blickwinkel eröffnen
Die Theaterpädagogin

Der Workshop probt eine kleine Szene: den Aufbruch einer Familie aus Süditalien nach Mailand. Das Besondere daran ist, dass die Studenten die Situation als Stummfilm darstellen sollen. Die Idee wirkt erst einmal irritierend. „Aber wenn sie später im Theater sitzen und ‚Rocco und seine Brüder' ansehen, stellen sie fest, dass der Regisseur diese Szene auch wie einen Stummfilm aussehen lässt", erzählt Janka Panskus, die leitende Theaterpädagogin des Maxim Gorki Theaters. „So etwas finden die Workshop-Teilnehmer immer spannend. Dann können sie das, was sie auf der Bühne sehen, mit ihren eigenen Ideen abgleichen."

Ein großer Teil ihrer Arbeit besteht aus diesen vierstündigen Workshops zu den verschiedenen Produktionen des Hauses. Je nachdem, wie viele Gruppen sich anmelden, finden sie drei bis acht Mal pro Woche statt. Meist beginnt Janka Panskus mit Aufwärmübungen, dann lässt sie vielleicht ein Stück Text lesen, das Thema diskutieren oder Standbilder nachstellen. Am Ende werden richtige Szenen gespielt. Der Ablauf ist keineswegs festgelegt. „Wir denken uns zu jedem Stück ein ganz spezifisches Workshop-Programm aus."

In den letzten Jahren hat sich der Beruf des Theaterpädagogen rasant ausgebreitet. „Die Entwicklung hat in den Kinder- und Jugendtheatern begonnen", erklärt Janka Panskus, die seit 2002 am Maxim Gorki Theater arbeitet. Inzwischen haben fast alle großen Berliner Theater eine theaterpädagogische Abteilung. Daneben sind Theaterpädagogen auch in Jugend- und Freizeiteinrichtungen, Kindergärten und Therapiezentren gefragt. Theaterpädagoge ist keine geschützte Berufsbezeichnung. Der Bundesverband Theaterpädagogik definiert allerdings Qualitätsstandards für die Ausbildung. Auf seiner Homepage listet er 13 anerkannte Institutionen für die Vollausbildung in Theaterpädagogik auf.

In der Jugendzeit der 45-jährigen Janka Panskus war die Theaterpädagogik noch kein großes Thema. Nach dem Studium der Theaterwissenschaft hat sie in München eine Freie Theatergruppe geleitet. „Erst mit 30 Jahren bin ich auf das Berufsfeld Theaterpädagogik gestoßen und fand es total spannend", sagt sie. Ein Jahr lang arbeitete sie beim Theaterpädagogischen Dienst für verschiedene Berliner Theater. „Das war ein dreijähriges Pilotprojekt, das es heute nicht mehr gibt", erklärt sie. Danach kam sie ans Maxim Gorki Theater. Ihre kleine Abteilung mit mehreren Teilzeitmitarbeitern ist in der Dramaturgie angesiedelt. Auch sie selbst hat eine Teilzeitstelle, arbeitet nebenbei als Übersetzerin, Lektorin und Dozentin.

„Man muss etwas vom Theater verstehen und Freude an der Auseinandersetzung mit Menschen haben", schildert sie die wichtigsten Voraussetzungen für ihren Beruf. Sie liebt es, den Zuschauern neue Blickwinkel zu eröffnen. „Jugendliche lesen Goethe in der Schule und sind erst einmal ganz negativ eingestellt, wenn sie hier ankommen", erzählt Janka Panskus. Die Sprache ist den Schülern fremd, und sie können nichts mit den Figuren anfangen. In den Workshops versucht die Theaterpädagogin dann, eine Beziehung zu den eigenen Themen der Jugendlichen herzustellen. „Wenn sie in den Figuren dann etwas von sich wiedererkennen, sind sie schon offener. Sie müssen verstehen, dass hinter der Sprache etwas liegt, das mit ihnen zu tun hat." In einem Workshop hat sie die Jugendlichen so einen alten Text einmal rappen lassen. „Auf einmal fanden sie Gefallen am Versmaß und merkten, dass sie in ihren eigenen Songs so etwas auch haben."

In den Workshops hat sie es oft mit Schülern und Lehrern zu tun, aber sie findet alle Altersgruppen spannend. Ihr Lieblingsprojekt ist die Zuschauerakademie, die Spiel und Analyse, Workshops und Diskussionen mischt. Mehrmals pro Spielzeit findet sie zu Themen wie „Romanadaptionen", „Modernes Regietheater" oder „Geschichte" statt.

Zwei Theatergruppen beheimatet das Maxim Gorki Theater: die Jugendgruppe „Die Aktionisten" und die Seniorengruppe „Golden Gorkis". Beide haben sich in der zurück liegenden Saison mit dem Spielzeitmotto „Berlin" befasst, allerdings auf sehr unterschiedliche Weise. Die Jugendlichen haben Berliner zu ihren Träumen befragt. Die Senioren schöpfen mehr aus ihrem eigenen Erfahrungsschatz. „Die Aktionisten" haben einen großen Zulauf, die Theaterpädagogen bekommen zwei bis drei Anfragen pro Tag. Die „Golden Gorkis" sind eher eine feste Gruppe, die 2008 aus dem Chor der Marthe in der „Urfaust"-Produktion entstanden ist. „Sie werden jetzt zunehmend von den Regisseuren unserer Produktionen angefragt. Das ist eine interessante Entwicklung", sagt die Theaterpädagogin.

Janka Panskus versteht sich als Kunstvermittlerin. „Die Zuschauer sollen verstehen, welche Entscheidungen wir treffen müssen, wie wir zu unseren Ergebnissen kommen." Nicht nur die Zuschauer, auch die Schauspieler des Hauses nehmen die Arbeit der Theaterpädagogen sehr positiv wahr: „Sie finden, dass die Atmosphäre bei den Vorstellungen spannungsvoller ist, wenn vorher ein Workshop stattgefunden hat."

„Toi toi toi" auf Italienisch
Souffleuse und Sprachcoach

Italienisch ist die am meisten gesungene Sprache", erklärt Serena Malcangi, die als Souffleuse und Sprachcoach an der Staatsoper arbeitet. „Etwa fünfzig Prozent unseres Opernrepertoires sind italienisch." In Italien wurde die Oper vor 400 Jahren erfunden, viele der erfolgreichsten Opernkomponisten wie Verdi, Puccini und Rossini waren Italiener. Deshalb hat Serena Malcangi immer viel zu tun.

In italienischen Produktionen spricht sie aus dem Souffleurkasten heraus die ganze Vorstellung mit und gibt jedem Sänger sein Stichwort. Es gibt Schallplatten mit Live-Aufnahmen, auf denen man die Souffleusen fast besser als die Sänger hört. Eigentlich sollten Souffleusen so leise sprechen, dass das Publikum sie nicht wahrnimmt, aber laut genug, damit die Darsteller sie hören. Sie brauchen eine belastbare Stimme, Konzentration, Empathie, Menschenkenntnis und Geduld.

Die Berufsbezeichnung Souffleur bzw. Souffleuse kommt aus dem Französischen und bedeutet „einpusten" oder „einblasen", womit das Vorsagen von Textpassagen gemeint ist. Eine Ausbildung als Souffleur oder Souffleuse gibt es nicht, vielmehr sind es ehemalige Schauspieler oder Sänger, die in diesen Beruf quer einsteigen. Normalerweise sind Frauen in dem Beruf tätig. Meist bleiben die Textarbeiterinnen in ihrem Bühnenkasten verborgen. Nach den textreichen Highspeed-Inszenierungen von René Pollesch durfte sich die Souffleuse am

Schluss allerdings verbeugen.

Den Beruf gab es schon im 18. Jahrhundert. Manchmal sitzt die Souffleuse nicht im Kasten, sondern auf der Seitenbühne oder im Zuschauerraum. Heute wird auch per Funk souffliert. Die Schauspieler tragen dazu einen kleinen Empfänger im Ohr. Für die Künstler auf der Bühne ist die Souffleuse eine wichtige psychologische Stütze, das Netz, das sie vor Abstürzen bewahrt. Bei Theateraufführungen muss sie oft überlegen, ob der Schauspieler gerade improvisiert oder den Text vergessen hat, ob er nur eine lange Kunstpause macht oder wirklich einen „Hänger" hat. Hat ein Darsteller eine Textpassage übersprungen, muss sie schnell eine geeignete Stelle finden, an der das Ensemble wieder einsteigen kann.

Die Souffleuse ist aber nicht nur in den Vorstellungen gefragt, wenn ein Schauspieler oder Sänger nicht mehr weiter weiß. Bei den Proben hat sie meist noch mehr zu tun, weil die Texte dann noch nicht richtig sitzen. Manche Souffleusen verteilen nach den Proben kleine Zettel mit Korrekturen. In der Oper ist die Verantwortung besonders groß. Gute Souffleusen dirigieren einzelne Passagen mit und geben den Sängern ihre Einsätze. Sie soufflieren die Textanfänge der musikalischen Phrasen zeitversetzt - und zwar deutlich vor dem Sänger. Hinter den Kulissen werden sie hoch geschätzt. Man belegt sie mit Kosenamen wie "Guter Geist" oder "Murmelmännchen" oder "Pfeiler an Thaliens Tempel".

Als Sprachcoach ist Serena Malcangi in italienischen Neuproduktionen beschäftigt. „Man muss dafür schon Muttersprachler sein", meint sie. Wenn eine Oper in französischer oder russischer Sprache gespielt wird, wird sie von einem französischen oder russischen Sprachcoach betreut. Serena Malcangi findet eigentlich deutsche Bezeichnungen wie „Sprachbetreuer" oder „Sprachberater" schöner.

Vor der Premiere einer italienischen Oper hat sie sich oft um ein Dutzend Gesangssolisten und den Chor zu kümmern. Schließlich sind nur wenige Sänger Italiener. Die meisten singen in einer für sie fremden Sprache. Mit den Ensemblemitgliedern trifft sie sich oft schon Monate vorher, je nachdem, wie es die Sänger zeitlich einrichten können. Erst geht sie mit ihnen das Libretto durch. Sie bringt den Sängern die korrekte Aussprache bei, erklärt ihnen, wenn nötig, aber auch die Bedeutung der Sätze, die sie und ihre Kollegen singen. „Ich mache eine wörtliche Übersetzung, die Bühnenübersetzung kann nie so genau sein. Die Sänger interagieren sofort viel besser, wenn sie wissen, wie jedes Wort zu verstehen ist."

Die Mailänderin lässt die Sänger die Texte im Rhythmus der Musik sprechen. Dann kommt der Korrepetitor am Klavier dazu. „Das gesungene Wort ist nicht wie das gesprochene", sagt Serena Malcangi. Bei den Proben müssen die Sänger den Text auswendig können. Bis zur Generalprobe muss die Italienerin immer wieder genau hinhören, die Proben kurz unterbrechen, um die Farbe eines Vokals oder die Sprachmelodie eines Satzes zu korrigieren. „Dann verabschieden wir uns mit einem riesigen ‚toi toi toi' oder - auf italienisch – ‚in bocca al lupo!' Bei der Premiere sitze ich dann im Parkett, leide und zittere mit meinen Sängern. Entspannen kann ich mich nur bei einer Vorstellung, die ich nicht mit vorbereitet habe", erzählt sie.

Früher war die italienische Sprache hinter den Kulissen der Opernwelt stärker verbreitet. Heute redet man viel mehr englisch. „Viele Sänger sprechen überhaupt nicht italienisch. Dann ist eine intensive Vorbereitung sehr wichtig. Einige würden die Sprache gern lernen, aber es fehlt immer die Zeit", sagt Serena Malcangi. Die Voraussetzungen sind bei jedem Sänger unterschiedlich. Deutsche machen im Italienischen andere Fehler als Russen. Manche sind sprachbegabt, andere weniger. „Ich passe mich an die verschiedenen Persönlichkeiten an. Man sucht immer zusammen den richtigen Weg, um ans Ziel zu kommen", meint die Sprachbetreuerin. Flexibilität hält sie für eine wesentliche Voraussetzung für ihren Beruf, auch deshalb, weil sie immer erst nachmittags erfährt, was sie am nächsten Tag zu tun hat.

Ihre Dienste sind gefragt. Sie hat noch nie erlebt, dass ein Sänger ihre Korrekturen unnötig fand. „Auch die berühmten Gäste lernen immer gern dazu." Selbst wenn sie eine italienische Partie schon sehr oft gesungen haben, gibt es noch Kleinigkeiten, die Serena Malcangi auffallen. „Sänger verbinden Musik, Text und Bewegung miteinander, das Gehirn funktioniert so. Das wieder aufzulösen, um einen kleinen Fehler auszumerzen, ist gar nicht so leicht." Sie hat großen Respekt vor den Sängern. Sie können sprachliche Unsicherheiten nicht durch Pausen kaschieren, die Musik läuft schließlich unerbittlich weiter.

Serena Malcangi hat sich immer für klassische Musik und Oper interessiert. In Mailand hat sie als Jugendliche Klavierspielen gelernt und ist oft in die Scala gegangen. Trotzdem studierte sie erst einmal Jura. Die Liebe führte die Italienerin nach Berlin. Weil ihr Jura-Abschluss hier nicht anerkannt wurde, begann sie, Privatunterricht in der italienischen Sprache zu geben. Bald bekam sie Angebote von Universitäten, dann suchte die Staatsoper einen Sprachcoach. „Zuerst wurde ich gefragt, ob ich Noten lesen könne", erinnert sich Serena Malcangi. „Ohne musikalische Ausbildung kann man den Beruf nicht ausüben. Wenn es in Barockopern um antike und mythologische Stoffe geht, hilft mir meine humanistische Schulbildung." Im Lauf der Jahrzehnte hat sie an der Staatsoper ihre eigene Lehrmethode entwickelt.

Serena Malcangi arbeitet freiberuflich, die Staatsoper ist ihre Basis. Wenn sie dort gerade nicht beschäftigt ist, nimmt sie Angebote von anderen Opernhäusern, Konzertveranstaltern oder Plattenfirmen in Deutschland, Österreich oder Frankreich an. In Brüssel betreute sie die Sänger der Produktion von Händels „Orlando". Ihre Arbeit ist an anderen Theatern ähnlich wie an der Staatsoper. „Überall treffe ich Sänger, Dirigenten und Regisseure, die ich aus anderen Häusern schon kenne, und das ist immer eine Freude. Die Opernwelt ist international."

Partner fürs Theater gewinnen

Die Sponsoringbeauftragte

Es gibt Geschichten, die Carolin Holzmeier potenziellen Sponsoren immer gern erzählt. Etwa die von dem schrecklich zappeligen, unkonzentrierten Schüler, der bei einem Workshop auf der Bühne half, einen Pappmaché-Baum zusammenzusetzen. „Ey, kann ich Praktikum machen?" rief er dem Technischen Direktor zu, der zufällig vorbeilief. Aus einem Praktikum sind inzwischen drei geworden, der schwierige Schüler ist jetzt ein völlig faszinierter Opernfan.

Mit so einer kleinen Episode überzeugt Carolin Holzmeier Unternehmer von der Wichtigkeit der Nachwuchsarbeit, die sie unterstützen sollen. Geschäftsführern begeistert von der Arbeit an der Komischen Oper zu erzählen, gehört zu ihrem Berufsalltag. Die Beauftragte für Fundraising und Sponsoring vermittelt zwischen Kultur und Wirtschaft. „Der Bereich ist in den letzten Jahren enorm gewachsen", erklärt Carolin Holzmeier. Die Etats der Kulturinstitutionen werden kleiner, privates Engagement ist gefragt.

Die Komische Oper hat einen großen Förderkreis, der vor allem aus Privatpersonen besteht. 2008 hat das Opernhaus eine Vollzeitstelle eingerichtet, um Kontakte zu Firmen und Stiftungen aufzubauen. Carolin Holzmeiers Vorgängerin hat zunächst ein Konzept erarbeitet. „Es lohnt sich zu überlegen, wie man Partner an das Haus binden möchte und was man als Gegenleistung anbieten kann." Das Konzept sieht drei Bereiche vor, in denen sich Sponsoren engagieren können: Musiktheater, kulturelle Bildung und junge Künstler. Vom einfachen „Unterstützer" über den „Partner" und „Premiumpartner" bis zum exklusiven „Mäzen" sind die Förderstufen gestaffelt.

Zehn Partner hat die Komische Oper bereits gewonnen. In den letzten Jahren sind durch die neue Initiative vor allem im Nachwuchsbereich viele neue Projekte zustande gekommen, zum Beispiel Intensivworkshops an Schulen in sozial schwächeren Bezirken, ein Kreativwettbewerb für Oberschüler, das Türkisch-Projekt „Selam Opera!" und der deutsch-türkische Kinderchor in der Kinderoper „Ali Baba und die 40 Räuber". Jetzt werden unter anderem Sprachpaten für Opernübersetzungen ins Englische, Französische und Türkische gesucht.

Fundraising heißt das klassische Sammeln von Spenden bei Personen und Stiftungen, die keine Gegenleistung dafür erwarten. Sponsoring ist dagegen für Unternehmen ein Marketing-Instrument. Dabei geht es um eine Win-Win-Situation. Die Firmen bekommen Gegenleistungen im Wert des Betrags, den sie in die Komische Oper investieren. Das können Eintrittskarten, der Aufdruck des Firmenlogos auf Werbemitteln, die Teilnahme an Workshops oder die Ausrichtung eines Empfangs für Firmenkunden im Opernhaus sein. Den Wert solcher Leistungen kann die Sponsoring-Beauftragte genau beziffern.

„Es funktioniert nicht, wenn man einfach Geld haben möchte. Man muss seine Kontakte pflegen und langfristige Beziehungen aufbauen", lautet eines von Carolin Holzmeiers Berufsgeheimnissen. Sie trifft sich regelmäßig mit den Marketingdirektoren und spricht mit ihnen über gemeinsame Projekte. Wenn sie neue Unterstützer sucht, schreibt sie keine Briefe oder Mails. Auch zum Telefon greift sie nur, wenn sie um eine persönliche Verabredung bitten möchte. Sie geht abends oft zu

Empfängen und anderen Veranstaltungen, um Unternehmensvertreter kennen zu lernen. „Man sollte feinfühlig vorgehen und sehen, was passiert. Meist geschieht mehr, als man denkt - aber nicht immer das, was man sich vorgestellt hat", verrät sie. Die Förderschwerpunkte der Firmen hat sie meist vorher schon recherchiert. Schließlich gibt es in Berlin nur „gefühlte fünfzig" Unternehmen, für die die Komische Oper interessant sein könnte. In Berlin buhlen viele Kulturinstitutionen um die Gunst weniger Unternehmen. Das macht es für Carolin Holzmeier nicht einfach.

„Man muss offen und neugierig sein, kommunizieren und koordinieren können", sagt sie über die nötigen Fähigkeiten in ihrem Beruf. „Eine Affinität zum Schreiben und ein Blick für Zahlen sind auch hilfreich." Schließlich stellt sie bei Stiftungen oft Anträge mit Finanzierungsplänen. In ihrer Branche gibt es viele Quereinsteiger: Geisteswissenschaftler, aber auch kulturbegeisterte Juristen und Betriebswirte. Fundraising kann man nicht an der Universität studieren. Die Fundraising Akademie in Frankfurt am Main bietet aber ein zweijähriges berufsbegleitendes Studium an.

Carolin Holzmeier hat als Kind Klavier gelernt, sich immer für klassische Musik und Theater interessiert. Nach dem Studium der Kulturwissenschaft in Berlin und einem Volontariat in einer Literatur- und Medienagentur hat sie zwei Jahre lang die Kulturförderung des Deutschen Sparkassen- und Giroverbands betreut, bevor sie an die Komische Oper kam. „Es hilft mir natürlich, die Perspektive der Unternehmerseite zu kennen", erklärt sie.

Die Sponsoringbeauftragte arbeitet an der Finanzierung eines Großprojekts im Bereich Musiktheaterpädagogik. Es soll alles in den Schatten stellen, was das Opernhaus in diesem Bereich bisher unternommen hat. Es gibt viele gute Ideen, die sich heute nur noch mit privater Unterstützung umsetzen lassen. „Wir wollen keine Haushaltslöcher stopfen", so Carolin Holzmeier, „aber Projekte realisieren, die uns wirklich wichtig sind."

Im Keller mit zweieinhalb Kilometer Noten
Die Orchesterbibliothekarin

Meine Noten sind weg!" ruft der Oboist. Zum Glück sitzt die Orchesterbibliothekarin in der Probe. Meist findet sich die Stimme schnell wieder an. „Vielleicht klebt sie an der zweiten Oboenstimme, oder sie findet sich beim Schlagzeug, weil die Musiker in den Mappen gewühlt und alles durcheinandergebracht haben", erzählt Renate Hellwig-Unruh. Wenn alles Suchen nichts hilft, muss die Bibliothekarin des Deutschen Symphonie-Orchesters überlegen, wie sie schnell Ersatz beschafft. Dann bittet sie in anderen Notenarchiven um Nachbarschaftshilfe oder den Verlag um eine schnelle Druckvorlage.

Eigentlich dachte sie, es wäre ein wenig langweilig im Notenarchiv. Renate Hellwig-Unruh hatte keine rechte Lust, den Musikern Noten herauszusuchen und auf die Pulte zu stellen. Deshalb hat sie erst einmal Nein gesagt, als sie gefragt wurde, ob sie die Position der Orchesterbibliothekarin übernehmen wolle. Das ist zehn Jahre her, und gelangweilt hat sie sich an keinem einzigen Tag.

Drei bis fünf Monate vor einem Konzert sieht sie in ihrem Archiv nach, welche Noten für das Programm vorhanden sind. Sind die Stimmen vollständig? Wirken sie alt und zerfleddert, oder können die Musiker daraus spielen? Mit einer E-Mail nimmt sie Kontakt zum Dirigenten auf und fragt, aus welchen Notenausgaben er spielen möchte und ob er von Hindemith die

Früh- oder die Spätfassung bevorzugt. Die Solistin schaltet sich ein und macht sich für die Frühfassung stark, weil die noch niemand eingespielt hat.

Die Orchesterbibliothekarin diskutiert dann mit dem Verlag, weil von der Frühfassung die Stimmen erst hergestellt werden müssen. Dann klärt sie die Frage, ob der Dirigent die Bogenstriche in das neue Material selbst einzeichnen möchte oder ob er das dem Konzertmeister und den Stimmführern überlässt. Unendlich viele Kleinigkeiten sind zu bedenken. Bis zum Konzert behält Renate Hellwig-Unruh die Fäden in der Hand. Sie liebt die enge Zusammenarbeit mit den Dirigenten und Orchestermusikern.

Die Orchesterbibliothekarin arbeitet mit zwei Kollegen und mehreren Aushilfen in einem der größten deutschen Archive seiner Art. Es ist das Gemeinschafts-Notenarchiv des Rundfunks Berlin-Brandenburg, des Deutschlandradios Kultur und der Rundfunkorchester und –chöre GmbH. Musiker, Redakteure und Tonmeister gehen hier ein und aus. Renate Hellwig-Unruh arbeitet hauptsächlich für das Deutsche Symphonie-Orchester, aber auch das Rundfunk-Sinfonieorchester, der Rundfunkchor, der Rias-Kammerchor und die beiden Rundfunkanstalten werden hier mit Noten versorgt.

Zweieinhalb Kilometer Noten stehen in den Fahrregalen im Keller des RBB-Fernsehzentrums. 170.000 Titel aus fünf Jahrhunderten sind es insgesamt: Lieder von Oswald von Wolkenstein, Mozarts „Eine kleine Nachtmusik", Schuberts „Winterreise" in verschiedenen Stimmlagen, viele zeitgenössische Kompositionen, aber auch Schlager, Tanzmusik- und Big-Band-Arrangements. Viele Titel sind mehrfach, auch in verschiedenen Ausgaben oder Versionen vorhanden. Beethovens Neunte steht gleich sieben Mal im Regal.

„Es gibt kein klares Berufsbild für den Orchesterbibliothekar", sagt Renate Hellwig-Unruh. „Bei manchen Orchestern verwaltet die Noten der Orchesterwart, der keine Noten lesen kann und eigentlich die Stühle auf die Konzertbühne stellt. Oder die Sekretärin des Orchesterdirektors kümmert sich um die Noten. Bei den großen Orchestern wie den Berliner Philharmonikern sind es eher Musikwissenschaftler." Sie selbst hat in Stuttgart Bibliothekswesen studiert, dann eine Zusatzausbildung zur Musikbibliothekarin gemacht und schließlich noch in Berlin Musikwissenschaft studiert. Sie fing im Deutschen Musikarchiv an und arbeitete einige Jahre freiberuflich als Musikjournalistin, bevor sie die Position im Notenarchiv übernahm.

Die Orchesterbibliothekarin kümmert sich für das Deutsche Symphonie-Orchester um die Noten für 80 bis 90 Orchesterkonzerte, 15 bis 20 Kammerkonzerte und etwa zehn CD-Produktionen im Jahr. In der alltäglichen Arbeit gibt es manche ungelöste Frage. Kann man jedes Mal neue Bleistift-Einzeichnungen in die Noten gestatten? Und wer radiert sie hinterher wieder aus? „Der Bayrische Rundfunk hat eine Radierhexe, eine Mitarbeiterin nur für diesen Zweck. Wir haben das nicht", meint Renate Hellwig-Unruh. Manchmal erstellen die Archivmitarbeiter deshalb Stimmen aus Fotokopien. Daraus spielen die Musiker aber nicht gern, weil es raschelt.

Die schwierigste Aufgabe der Orchesterbibliothekarin ist das Silvesterkonzert, das das DSO immer gemeinsam mit dem Zirkus Roncalli gestaltet. Da sind rund zwanzig einzelne kleine Nummern gefragt, meist Auszüge aus größeren Werken im Grenzbereich zwischen E- und U-Musik. Oft ändert sich das Programm noch in letzter Minute. Dann müssen Noten herbeigezaubert werden, obwohl die meisten Verlage zwischen Weihnachten und Silvester nicht arbeiten.

Vor zwei Jahren war eine Stimme spurlos verschwunden, und ein Ersatz war nicht zu beschaffen, weil die Fahrregale im Notenarchiv defekt waren. Der WDR konnte schließlich helfen. „Das war sehr knapp", erinnert sich Renate Hellwig-Unruh. „Aber das ist ja das Schöne: So hektisch und aufregend es manchmal auch ist – am Ende klappt es immer."

Theaterwände dürfen nicht wackeln
Der Bühnenmeister

Der Schauspieler hat den Text vergessen. Nun wandert er auf der Suche nach den Worten nervös über die Bühne und bleibt ausgerechnet auf der Fläche stehen, die gleich versenkt werden muss. „Versenkung jetzt nicht fahren!" ruft Henning Beckmann hinter der Bühne. Er kennt die Inszenierung genau und muss schnell überlegen: Wie lange können wir warten, ob der Schauspieler den Gefahrenbereich freiwillig verlässt? Was passiert, wenn er mit nach unten fährt? Welche Konsequenzen hat es für die Vorstellung, wenn die Versenkung einfach nicht gefahren wird? Der Theatermeister vom Theater an der Parkaue ist für den technischen Ablauf der Vorstellung, aber auch für die Sicherheit der Darsteller verantwortlich.

Vor jeder Vorstellung prüft er die Bühnenaufbauten und stellt fest, ob sie standsicher sind und ob Schäden entstanden sind. Theaterwände fallen nicht gleich um, können aber wackeln und störende Geräusche verursachen. „Heute war ein Stück Teppich lose, eine böse Stolperfalle", sagt Beckmann. Ein Techniker hat den Teppich schnell wieder am Bühnenboden angetackert. Beim Kontrollgang geht sein erster Blick in den Zuschauerraum. Ist der Saal sauber und ordentlich bestuhlt? Dann geht der Theatermeister auf der Spielfläche die Wege der Schauspieler ab. Er weiß genau, wie sie mit den Türen, Treppen und Geländern umgehen. „Wenn eine Tür mehrfach geknallt wird, fliegt schon einmal das Schloss heraus, oder die Klinke löst sich." Wie der Schauspieler lehnt er sich dann heftig gegen das Geländer. Nur so kann er sicher sein, dass es auch im Spiel hält.

Was genau zu den Aufgaben des Theater- oder Bühnenmeisters gehört, ist von Haus zu Haus unterschiedlich. Im Lichtenberger Kinder- und Jugendtheater gehören Personalplanung und Logistik dazu. Beckmann entscheidet, wie viele und welche Techniker eine Vorstellung auf-, ab- und umbauen und wo die Dekorationen gelagert werden. Gemeinsam mit zwei Kollegen betreut er die drei Spielstätten des jungen Staatstheaters. In der Abteilung gibt es ein Dutzend Bühnentechniker, zwei Dekorateurinnen und vier Azubis. „Vormittags haben wir hier manchmal drei parallele Vorstellungen. Dann flitze ich von Bühne zu Bühne, sehe nach, ob alles funktioniert, alle Techniker und Materialien am richtigen Ort sind", erzählt Beckmann, der mit seinem Theater auch auf Gastspielreisen geht.

Neuproduktionen begleiten die Bühnenmeister von Anfang an. Sie sprechen mit dem Bühnenbildner über seine Ideen, produzieren dann für die Bauprobe ein provisorisches Bühnenbild aus Latten, Stoffbahnen und abgespielten Dekorationsteilen. Gemeinsam mit dem Produktionsleiter überlegt er, wie das Bühnenbild hergestellt werden kann, aus wie vielen Teilen es bestehen soll und wie schwer die Teile werden. Schließlich muss er planen, ob die Aufbauzeit zwei oder zehn Stunden beträgt und wie viele Techniker er braucht. Dann überlegt er, was er auf die Probebühne stellt.

In der Probenphase spricht er immer wieder mit dem Regieassistenten. „Plötzlich fällt dem Regisseur ein, dass der Schauspieler die Tür nicht normal öffnet, sondern sich dagegen wirft. Das muss ich wissen", sagt Beckmann. Vor der ersten Bühnenprobe weist er die Schauspieler ein, erklärt ihnen die Gefahren des Bühnenbildes. „Treppen haben auf der Bühne zum Beispiel ganz andere Maße als im wirklichen Leben, wo die

Stufen genormt sind. Dieses übliche Schrittmaß trägt jeder Mensch in sich. Auf der Bühne geraten Schauspieler deshalb schon bei drei ungenormten Stufen ins Stolpern", erklärt der Theatermeister.

„Durch Zufall" kam er ans Theater. Alles Mögliche hat er studiert, Bauingenieurswesen, Architektur, Pädagogik. Nebenbei jobbte er in Münster an einem Zimmertheater, wo er vieles ausprobieren konnte: Bühnenbilder auf- und abbauen, Ton und Licht fahren. Aus dem Job wurde eine Leidenschaft. „Mit 25 Jahren überlegte ich dann: Wie kann ich daraus einen richtigen Beruf machen?" erinnert er sich. Er studierte Theater- und Veranstaltungstechnik an der Technischen Fachhochschule in Berlin und machte dort einen Abschluss als Diplomingenieur. Seit 2006 ist er im Theater an der Parkaue angestellt.

„Es gibt unterschiedliche Wege zum Theatermeister", sagt Henning Beckmann, der auch die Azubis der Abteilung betreut. „Wenn man bereits als Bühnentechniker arbeitet, kann man auch die Meisterschule besuchen. Das Studium führt zu einer höheren Qualifikation." Veranstaltungstechniker lernen nicht nur, mit der Bühnentechnik umzugehen wie die traditionellen Theater- oder Bühnenmeister. Sie studieren auch den Umgang mit Licht und Ton. Heute sind Bühne, Licht und Ton an den Theatern noch drei getrennte Bereiche. „Der Trend geht aber zum Allrounder, der sich auf allen drei Gebieten auskennt. In Zukunft haben wir an den Häusern wohl einen großen, flexibel einsetzbaren Personalpool", meint Henning Beckmann.

Bühnenmeister brauchen viel Verständnis für Technik, Baumaterialien, Architektur und Statik, aber auch Organisationstalent, Kreativität und Gelassenheit. „Damit keine Panik entsteht, wenn wir eine Havarie haben", meint Henning Beckmann. Schließlich kann jederzeit die Technik versagen – oder auch der

Mensch. Manchmal steht noch ein Schauspieler auf der Drehbühne, obwohl sie sich gleich drehen soll. Wenn ein Fehler behoben werden muss, robbt der Theatermeister notfalls auch während der Vorstellung möglichst dezent über den Bühnenhintergrund. Er liebt das bunte Theaterleben und verzichtet dafür gern auf freie Abende und Wochenenden. Wenn etwas defekt ist, sieht er nicht auf die Uhr. „Wie bekommen wir die Vorstellung wieder flott?" fragt er sich dann. Das ist alles, was wirklich zählt.

Stammkunden und Touristen betreuen

Der Ticketservice

Ich bin gemeinsam mit unseren Besuchern älter geworden", meint Barbara Köhler. Niemand kennt das Publikum des Konzerthauses so gut wie sie. Sie kümmert sich um den Ticketservice und hat viele der 12.000 Abonnenten persönlich betreut. „Wir haben zahlreiche treue Stammkunden, die genau wie ich seit der Wiedereröffnung des Konzerthauses 1984 hier ein und aus gehen."

Viele Musikfreunde kommen gern persönlich, um sich beraten lassen und ein wenig mit den Mitarbeitern des Kartenservice zu plaudern. „Als wir die Hommage an Kurt Sanderling hatten, kramten ältere Besucher gern in ihren Erinnerungen und erzählten uns, was sie mit ihm erlebt haben", sagt Barbara Köhler. Für neue Besucher sind die Mitarbeiter des Besucherservice die ersten Gesichter, die sie im Konzerthaus zu sehen bekommen. Wenn man sich mit Barbara Köhler unterhält, begreift man schnell, dass es dort nicht nur um den Verkauf von Eintrittskarten geht.

„Ich finde es wichtig, dass wir uns Zeit für die Besucher und ihre Bedürfnisse nehmen", findet sie. Gerade für die Abonnenten ist das Konzerthaus oft wie ein zweites Zuhause. „Sie sitzen immer auf demselben Platz, den sie auch niemals hergeben würden und kennen ihre Nachbarn rechts und links. Man begrüßt sich und tauscht sich aus." Neben den Abonnenten gibt es eine ganze Reihe von Konzertgängern, die sich nicht festlegen wollen, aber trotzdem mehrmals im Jahr das Haus besuchen. Für sie hat Barbara Köhler die neue, kostenlose Konzerthaus Card mitentwickelt, die eine ganze Reihe von Vergünstigungen mit sich bringt. „Das läuft prima. Wir haben schon viel mehr Bestellungen, als wir dachten", freut sie sich.

Eintrittskarten kann man auch am Telefon und im Internet kaufen. „Die Hotline rufen hauptsächlich Männer an. Sie tragen ihre Wünsche vor, aber im Hintergrund hört man immer die Ehefrau, die ihnen zuruft, was sie sagen sollen", erzählt sie. Der Verkauf im Internet nimmt immer weiter zu, vor allem bei ausländischen Touristen. „Da kommen viele Bestellungen aus Japan, den USA, Kanada, Holland, Frankreich, Spanien und Italien. Sie wollen das Konzerthaus besuchen und sind dann nicht so wählerisch, was das Programm angeht", weiß Barbara Köhler. „Wir arbeiten inzwischen viel mit Reisebüros zusammen. Den Bereich wollen wir noch ausbauen."

Von klein auf war die Finanzökonomin Barbara Köhler selbst begeisterte Konzertbesucherin. Sie übernahm zunächst den Bereich Haushalt/Finanzen beim Konzerthausorchester, das damals noch Berliner Sinfonie-Orchester hieß. 1992 wurde sie Leiterin des Besucherservice. Inzwischen hat sie die Leitung abgegeben und kümmert sich in der Marketing-Abteilung um zwei Teilbereiche, die in den letzten Jahren immer wichtiger geworden sind: den Ticketverkauf im Internet und das Auswerten der Daten, die mit jedem Kartenverkauf gesammelt werden.

Als sie zu DDR-Zeiten anfing, war es eine Art Auszeichnung, Abonnent des Berliner Sinfonie-Orchesters zu sein. Bei Vorverkaufsbeginn ringelten sich lange Schlangen um den Gendarmenmarkt. „Nach der Wende war der Kunde auf einmal nicht mehr der Bittsteller, sondern der König. Das war für die Mitarbeiter schon eine Umstellung", erinnert sich Barbara Köhler.

Bis Anfang der neunziger Jahre saß man an der Abendkasse an seinem Kartenschrank, in dem die Tickets in vielen kleinen Fächern nach Preiskategorien sortiert waren und blitzschnell durchgeblättert werden mussten, wenn der Besucher bestimmte Plätze wünschte. Ohne Routine konnte man diese Arbeit nicht bewältigen. Schließlich hat der große Saal 1600 Plätze, und viele davon müssen zwischen 19 und 20 Uhr verkauft werden. Heute haben es die Mitarbeiter an der Abendkasse leichter. Auf dem Computer sehen sie den Saalplan mit den freien Plätzen vor sich und bekommen gleich den Preis angezeigt, wenn sie einen Platz anklicken. Dann kommt die Karte aus dem Ticketdrucker.

Daten wurden auch früher gesammelt – auf Karteikarten. Jeder Abonnent hatte so eine Karte, auf der handschriftlich eingetragen wurde, welche Veranstaltungen er besucht hat. „Unsere Büros waren voll von Schränken mit Karteikästen", erzählt Barbara Köhler. Diese Daten hat allerdings niemand ausgewertet. Das ist heute ganz anders. Die „Systemadministratorin Ticketing" arbeitet daran, dass man immer mehr Fragen zur Datenbank beantworten kann.

Das Marketing möchte nicht nur wissen, wie sich das Kaufverhalten in den vergangenen Jahren verändert hat, sondern auch, wie die letzte Werbemaßnahme gegriffen hat. Die künstlerische Leitung interessiert sich dafür, ob Kammerkonzerte am Freitag besser als am Samstag laufen, welche Werke ankommen und wie man erfolgreiche Abo-Reihen zusammenstellt. Manchmal sind die einfachsten Rückmeldungen allerdings die wichtigsten: „Wenn mir die Besucher ständig sagen, hier ist die Schrift ist zu klein, oder erklären Sie mir doch mal dieses Formular, dann müssen wir etwas ändern. Schließlich sind unsere Gäste das Wichtigste in diesem Haus."

Fitness für Tänzerbeine
Der Physiotherapeut

Mitten im Interview klingelt das Telefon. Ein Notfall. Andreas Lee Elek springt auf, packt in Windeseile Schmerzkiller, Bandage und Vereisungsmittel. Dann rennt er die Treppe hinab Richtung Ballettsaal und lässt seine verblüfften Besucher in der Praxis zurück. „Glücklicherweise nichts Schlimmes", sagt er ganz außer Atem nach fünf Minuten. „Ein Tänzer ist beim Training heftig mit dem Arm gegen die Wand gestoßen, aber es ist schon wieder besser. Er brauchte nur ein Eispack."

So hektisch geht es manchmal zu beim Physiotherapeuten des Staatsballetts Berlin. Bei den schnellen Bewegungen und weiten Sprüngen der Tänzer ist die Verletzungsgefahr sehr groß. „Ich arbeite hier mit Leistungssportlern zusammen – das war immer mein Traum", verrät Elek. Er hat schon viele Erfahrungen gesammelt mit klassischer Krankengymnastik in Praxen, in der ästhetischen Kosmetik, im Rehazentrum, verschiedenen Krankenhäusern und Fachkliniken für Orthopädie. Nirgendwo hat er sich so wohl gefühlt wie beim Staatsballett. Seine physiotherapeutische Praxis betreibt er mit seinem Kollegen Benno Hawelka hoch unter dem Dach der Deutschen Oper. Gemeinsam betreuen sie 88 Tänzerinnen und Tänzer.

„In der Regel kommen sie hier herein und haben Schmerzen, zum Beispiel Überlastungssyndrome. Heute kam eine Tänzerin mit einem umgeknickten Fuß aus dem Ballettsaal.

Das passiert recht oft bei den hohen Sprüngen", erzählt der Physiotherapeut. Die Frauen tanzen auf halber Spitze, dabei werden das obere und untere Sprunggelenk ständig massiv überstrapaziert. Irgendwann verlieren sie die Kontrolle über die Sehnen und Bänder im Fuß. „Einmal nicht gut aufgepasst, schon liegen sie auf dem Boden. Dann ist für uns Alarmstufe Rot, es könnten Bänder beteiligt oder sogar gerissen sein." Das wäre ein Fall für den Arzt oder das Krankenhaus.

„Jeder Tänzer hat seine Baustelle, manche auch mehrere. Bei einem ist es die Halswirbelsäule, beim nächsten der Knöchel. Keiner ist wirklich beschwerdefrei", weiß Andreas Lee Elek. Die Belastungen der Solisten sind immens. Wenn ein Tänzer in einer Vorstellung von „La Péri" oder „Caravaggio" 70 Mal eine 55 kg schwere Tänzerin hochhebt, hat er am Ende des Abends drei Tonnen gehoben. Man kann sich vorstellen, was das für die Wirbelsäule, die Schultern und die Handgelenke bedeutet.

„Die Tänzer haben einen knallharten Job. Das erklärt auch, warum ihre Karriere spätestens mit 40 Jahren vorbei ist. Die Gelenke können das nicht ewig mitmachen", erklärt der Physiotherapeut. Neben den Sehnen-Band-Strukturen sind die Gelenke die größten Schwachpunkte. Auch Erschöpfungszustände machen vielen Tänzern zu schaffen. Das Pensum ist sehr hoch, aber der Körper verlangt nach Ruhepausen.

Das klassische Repertoire, Stücke wie „Schwanensee" und „Der Nussknacker" machen den Körpern am meisten zu schaffen. Aber auch alle Vorstellungen in der Komischen Oper. Dort ist die Bühne nach italienischem Vorbild schräg gebaut, damit das Publikum die Opernsänger besser sehen und hören kann. Für das Ballett ist der schiefe Boden aber eine echte Strapaze.

Tänzer müssen ein sehr diszipliniertes Leben führen mit regelmäßigem Schlaf und guter Ernährung. „In jungen Jahren schafft es der Körper noch, wenn der Tänzer Zigaretten raucht und ein Croissant zum Frühstück isst. Mit Anfang dreißig baut er dann aber massiv ab", sagt Andreas Lee Elek.

Stolz zeigt der Physiotherapeut sein Hochleistungslasergerät, das medizinische Gleichstromgerät und die Magnetfeldmatte. „Wir sind hier extrem gut ausgestattet", freut er sich. Auch Geräte für Kurzwellen, Stoßwellen und Ultraschall gehören dazu. Die Praxis hat mehr zu bieten als Massagen und klassische Krankengymnastik. Sogar eine Sauna steht den Tänzern zur Verfügung. „Ich empfehle den Tänzern, mindestens einmal pro Woche in die Sauna zu gehen, weil sich dann die Hüllen der Muskeln von den Fasern lösen. Das führt zu einer besseren Versorgung der Zellen im ganzen Körper", erklärt Elek.

Viele große Ballettkompanien leisten sich einen Physiotherapeuten. Manche Tänzer lernen den Beruf nach ihrer Bühnenkarriere. „Ohne Physiotherapie geht es im Leistungssport gar nicht", findet Andreas Lee Elek. In der Trainings- und Probenzeit des Balletts, von 11-18 Uhr, ist die Praxis immer besetzt. Im Halbstundentakt kommen die Tänzer, die sich vorher in den Terminplan eingetragen haben.

Auch bei den Vorstellungen ist einer der beiden Physiotherapeuten dabei. Ab und zu verletzt sich ein Tänzer auch auf der Bühne. „In letzter Zeit hatten wir ein paar Tänzer, die ohnmächtig geworden sind. Das sind Kreislaufprobleme, oft haben sie nur zu wenig gegessen oder getrunken", meint Elek. Er muss mit ein paar Tests entscheiden, ob sie aufgepäppelt werden und wieder auf die Bühne können, ob der Arzt gerufen wird oder ob sie sogar mit einem Schädel-Hirn-Trauma ins Krankenhaus müssen.

Sehr viel lieber ist es dem Physiotherapeuten natürlich, wenn er einfach die Vorstellung genießen kann. Seit 2010 arbeitet er für das Staatsballett, und er ist längst zum Ballettfan geworden: „Ballett verbindet Musik, Ästhetik und Sport. Für mich ist das die höchste Form der Kunst."

Kompromisse ruinieren das Foto
Der Theaterfotograf

„Meine Eltern haben uns schon als Steppkes ins Grips Theater und in die Schaubühne geschleppt. Seitdem habe ich Theater im Blut", erzählt David Baltzer. Dass er Theaterfotograf geworden ist, verdankt er trotzdem einem Zufall. Als junger Mann fotografierte er eher bei Hausbesetzerdemos, bis er ins Gespräch mit Mitarbeitern der TheaterGemeinde kam, die Fotos für ihren Mitgliederrundbrief brauchten. So ging er zu seiner ersten Fotoprobe ins Hansa-Theater und staunte, dass er auf Anhieb drei Fotos verkaufte.

Nur 20 bis 30 hauptberufliche Theaterfotografen sind in Deutschland unterwegs. Deshalb gibt es auch keine regelrechte Ausbildung zu diesem Beruf. Manche beginnen nach der Ausbildung zum Fotografen als Assistenten eines Theaterfotografen. Andere wagen einfach den Sprung ins kalte Wasser. Ein paar große Häuser wie das Deutsche Theater Berlin beschäftigen fest angestellte Theaterfotografen. Die meisten arbeiten allerdings freiberuflich wie David Baltzer. Zurzeit fotografiert er vor allem für das Berliner Grips Theater, das Staatsschauspiel Dresden und das Schauspiel Köln. Früher hat er auch viel für das Maxim Gorki Theater und die Volksbühne gearbeitet. „Die Stressbelastung ist hoch, denn die Premierendaten an den Wochenenden liegen oft dicht beieinander. Manchmal fotografiere ich vormittags in Dresden und abends in Köln", sagt Baltzer.

Fotos werden für die Presse- und Öffentlichkeitsarbeit

gebraucht, für Zeitungen, Programmhefte und Plakate. Für die Gestaltung von Spielzeitbroschüren verpflichten die Theater eher Werbefotografen. Als Produktionsfotograf ist David Baltzer vor allem bei den Hauptproben beschäftigt. Er muss dabei das Profil des Hauses, die Regiehandschrift und seinen eigenen Stil in Einklang bringen. Manchmal sind schon vor der ersten Probe Fotos gefragt. „Man steht dann da mit drei Schauspielern und muss eine Bildidee zu einer Inszenierung entwickeln, die es noch gar nicht gibt."

David Baltzer fotografiert am liebsten aus der linken oder rechten Bühnenecke heraus. Manche Regisseure erlauben den Produktionsfotografen, mit auf der Bühne zu stehen. Man bemüht sich dann, zum Beispiel durch das Tragen von dunkler Kleidung, die Schauspieler nicht zu sehr zu irritieren. „Das gelingt aber selten", weiß Baltzer. „Man stört immer, da muss man dickfellig sein."

Als er in den achtziger Jahren anfing, bauten sich die Theaterfotografen mit ihren Stativen in der Mitte vor der Bühne auf und fotografierten alles ganz klassisch aus der Zentralperspektive. In manchen Theatern wurde die ganze Inszenierung Szene für Szene mit hunderten von Fotos für das Theaterarchiv dokumentiert. Dafür gibt es inzwischen den Videomitschnitt. Baltzer glaubt dass sein Beruf aussterben wird, wenn sich in Zukunft aus den Videos Standbilder in erstklassiger Qualität herausziehen lassen.

In der Oper und im Ballett sind noch traditionelle Fotos mit klassischen Posen und Perspektiven gefragt. Im Theater freuen sich Pressestellen vor allem über originelle Fotos mit ungewöhnlichen Lichtsituationen und Blickwinkeln. Hausfotografen haben es nicht immer leicht. Bei der Fotoauswahl spricht der Regisseur und der Dramaturg mit, manchmal auch der

Hauptdarsteller und der Intendant. „Nach meiner Erfahrung gewinnt in einem solchen Prozess oft das langweiligste Bild. Der Kompromiss ruiniert das Foto. Deshalb können Kollegen, die auf Fotoproben gehen, ihre freizügigeren Fotos an der Theaterauswahl vorbei in die Presse bringen. Sie müssen nicht verstärkt darauf achten, ob jemand zum Beispiel ein Doppelkinn hat."

Das Recht auf die Fotoprobe ist eine Berliner Besonderheit. Hier muss jedes öffentlich geförderte Theater der Presse freien Zugang gewähren. „Kollegen haben sich bei einem abgesagten Fotoprobentermin schon eingeklagt", meint Baltzer. „Die Möglichkeit, sich als Noname als Theaterfotograf auszuprobieren, ist schon einmalig." Nicht nur wegen der großen Theatervielfalt, sondern auch wegen dieser Fotoproben arbeiten besonders viele Theaterfotografen in Berlin.

Als Theaterfotograf braucht man eine schnelle und eine hochempfindliche Kamera, einen Computer und mehrere Spezialprogramme. Die Investition in Höhe eines Kleinwagens muss alle fünf bis sieben Jahre erneuert werden. David Baltzer arbeitet mit zwei, manchmal mit drei Kameras am Körper. Blitzlicht ist im Theater verpönt. Schließlich sind die Lichtstimmungen ein Teil der Inszenierung, die abgebildet werden soll. „In der Dunkelheit bekommen Fotos eine große Magie", meint David Baltzer. „Helle Räume erscheinen viel uninteressanter und flacher." Fehlendes Licht ist heute kaum noch ein Problem. Die moderne Kameratechnik reicht bis 64.000 ASA, bei den Filmen früher war bei 1600 ASA schon Schluss. Schwieriger findet Baltzer statische Inszenierungen, bei denen die Schauspieler weit entfernt voneinander stehen.

Manche Theaterfotografen analysieren bei ihrer ersten Probe genau, wo sie wann stehen wollen, wenn sie die nächste Probe besuchen. David Baltzer arbeitet dagegen eher intuitiv.

„Die emotionale Kraft meiner Fotos aus der ersten Probe ist meist am größten", sagt er. Wenn er auf der Bühne eine Auseinandersetzung zwischen Mann und Frau sieht, spürt er einfach, wann sich die Frau umdrehen wird, wann der Mann zurückweicht oder zum Angriff übergeht. Schließlich besucht er seit mehr als 30 Jahren an jedem zweiten Tag eine Theatervorstellung. „Ich begebe mich in den Strom hinein und drücke dann in der Regel rechtzeitig auf den Auslöser."

Im Dauerlauf durchs Theater
Der Floater

Es ist 18 Uhr. Noch eine halbe Stunde bis zum Vorstellungsbeginn", tönt es aus den Lautsprechern. Der Floater Steffen Liebsch kontrolliert auf seinem Rundgang, ob im Friedrichstadt-Palast die Bühnenvorhänge zugezogen sind, die Luftbefeuchter laufen und das Arbeitslicht ausgeschaltet ist. Im Saal klappt er noch ein paar Zuschauersitze nach oben. Auf der Bühne legt er den Schleier für das Wind-Pas-de-Deux in ein Geheimfach der Showtreppe. Dann wirft er einen Blick in den Schrank mit den Fluggurten und Fluggeschirren für die Darsteller, die später durch die Luft sausen. Am Bühneneingang werden riesige bauen Röcke aufgepumpt. Die Seitenbühne füllt sich mit Tänzern, die sich warm machen.

„Ich sehe mich als Vermittler zwischen Kunst und Technik. Während der Vorstellung sorge ich für den reibungslosen Ablauf", erklärt Steffen Liebsch. Früher hat er selbst als Tänzer auf der großen Bühne im Friedrichstadt-Palast gestanden. Nun ist er Teil der kleinen Abteilung „Stage Management". Alle drei Mitarbeiter sind abwechselnd als Caller und Floater beschäftigt. Caller nennt man im Musical- und Showbereich den Inspizienten, der von seinem Pult aus mehr als 300 Signale für Darsteller und Techniker gibt. Er ist der wichtigste Ansprechpartner für den Floater, der während der Show durchs Haus läuft, Tänzer auf die Bühne schickt und nachsieht, ob die Sicherheitsgurte der Luftakrobaten fest sitzen.

Im klassischen Schauspielhaus gibt es keine Floater. Der Beruf hat sich in den USA im Show- und Musicalbereich entwickelt. „Die Shows werden immer komplexer und anspruchsvoller. Auch hier sind die Anforderungen an das Ballett rapide gewachsen. Oft übernehmen Tänzer artistische Zusatzfunktionen", erzählt Steffen Liebsch. Immer mehr passiert gleichzeitig, der technische Aufwand steigt. Der Caller kann auf seinen Monitoren nicht alles überwachen. „Wenn es einen Umbau an einem Ort gibt, den er am Bildschirm nicht einsehen kann, bekommt er von mir ein Freizeichen, wenn der Umbau fertig ist und die Tänzer bereit stehen. Bei komplexen Szenen ist es auch einfach gut, wenn jemand vor Ort ist", erklärt Liebsch.

Der Floater steigt auf den Rollenboden ganz oben unterm Dach. Hier steht der Hauptdarsteller in seinem Fluggeschirr bereit. Steffen Liebsch kontrolliert, ob er wirklich doppelt gesichert ist. Auf sein Kommando dreht sich der Sänger kopfüber. Erst wenn der Floater sein „Go" ins Mikrofon spricht, gibt der Caller das Zeichen, auf das er zur Bühne hinab schwebt. Treppab geht es in den Keller, wo die chinesischen Akrobaten neben dem Wasserbecken darauf warten, dass der Floater sie auf die Bühne führt. Danach ist Liebsch auf der Seitenbühne gefragt.

Im Unterwasserbild verkörpert eine schwebende Tänzerin die berühmte Schwimmerin Esther Williams. Links und rechts vom Becken stehen unsichtbar für die Zuschauer Bühnenarbeiter, die die Tänzerin im Schwimmbecken hin und her ziehen. Steffen Liebsch kennt die Choreografie ganz genau und gibt ihnen die Kommandos: „Nach links", „langsam nach rechts", „jetzt schnell ganz nach links". Dann muss er wieder in den Keller, um die chinesischen Akrobaten in Empfang zu nehmen. Auf dem Weg öffnet er einen bestimmten Vorhang einen Spalt breit und erklärt: „Hier kommen Tänzer gleich von der völlig dunklen Bühne. Durch den Spalt fällt ein wenig Licht. So wissen sie, wohin sie laufen müssen."

Der Floater trägt Schwarz, damit er für das Publikum wirklich unsichtbar bleibt. Über sein Headset und das Funkgerät am Gürtel ist er mit dem Caller und der Bühnentechnik verbunden. Im Keller gibt es die „schnelle Ecke", die im Sturmschritt genommen wird, weil sonst die Funkverbindung abbricht. Die ganze Show über hat Liebsch die Produktionskonferenz im Ohr. Viele Kilometer legt er während der Vorstellung zurück. Der ehemalige Tänzer läuft schnell, mit großen Schritten. Man versteht gut, dass der Beruf in anderen Häusern auch Runner oder Springer heißt.

Nach der Ausbildung an der Staatlichen Ballettschule ist der Berliner mit 18 Jahren am Friedrichstadt-Palast engagiert worden. „Ich wollte immer hierher. In der stilistischen Vielfalt zwischen klassischem und modernem Tanz, Hip-Hop und Akrobatik konnte ich mich als Tänzer am besten verwirklichen", sagt Steffen Liebsch. Jeder Tänzer muss sich früher oder später nach einem zweiten Beruf umsehen. Als sich die Möglichkeit eröffnete, als Floater anzufangen, dachte er gemeinsam mit seiner Familie lange nach. Inzwischen ist er sicher, dass er die richtige Entscheidung getroffen hat. Auch seine beiden Kollegen im „Stage Management" waren einmal Tänzer.

Nun kümmert er sich hinter der Bühne um seine ehemaligen Kollegen. Wenn ein Reißverschluss klemmt, ruft er den Ankleider. Er holt auch schon einmal ein Pflaster. Manche Tänzer reden gern mit ihm, bevor sie auf die Bühne hinaus müssen. „Da hat jeder seine eigene Art. Manche brauchen Ruhe und Konzentration. Andere wollen quasseln wie ein Wasserfall." Der Floater geht auf die Bedürfnisse der Darsteller sensibel ein. Die jetzige Pole-Dance-Solistin weiß selbst genau, wann sie auf die Bühne muss. Die vorige hatte es gern, wenn Steffen Liebsch ihr ein Zeichen gab.

Bei den Proben überlegt sich der Floater in Absprache mit dem Caller, wo er wann gebraucht wird. Er erstellt sich dann seinen eigenen Ablaufplan, das sogenannte Floaterbuch. Er kennt es längst auswendig. „Ich kann mir meine Stationen gut merken. Für mich ist das auch eine Art Choreografie." Noch etwas ist so ähnlich wie in seinem Tänzerleben: „Nach einer Doppelvorstellung tun mir die Füße genauso weh, als wenn ich getanzt hätte."

Gefühle in Großaufnahme
Die Videokünstlerin

Ein Zug überrollt das Kind des Bahnwärters. Wie soll man so ein Unglück ohne abgegriffene Theatermittel auf die Bühne bringen? Der Regisseur Armin Petras wollte den Höhepunkt des Stücks „Bahnwärter Thiel" nicht inszenieren - aber auch nicht auslassen. „Also sind wir mit den Schauspielern ein paar Tage aufs Land gefahren und haben einen Film gedreht", erzählt die Videokünstlerin Rebecca Riedel. „Natürlich nicht einfach ein Zugunglück, sondern einen düsteren Film mit fantastischen Bildern. Da wird es ganz psychedelisch im Kopf des Bahnwärters."

Mit filmischen Mitteln kann man Theatersituationen ganz neu erfinden. Rebecca Riedel stellt auch das Innenleben der Bühnenfiguren dar, ihre Erinnerungen, Wünsche und Fantasievorstellungen. Sie kann eine Parallelhandlung zeigen oder das Minenspiel des Schauspielers und wichtige Details vergrößern. „In München habe ich bei ‚Bauern sterben' den Bühnenraum stark erweitert", erklärt sie. Ganz hinten auf der Bühne hat sie Projektionsflächen als Fenster in die Welt angebracht.

Rebecca Riedel ist auf Bühnenvideos spezialisiert. Wie die meisten ihrer Kollegen arbeitet sie freiberuflich für verschiedene Theater. Im Berliner Maxim Gorki Theater hat sie eine künstlerische Heimat gefunden. Die Videokünstlerin findet es besonders wichtig, fließende Übergänge zwischen Film und Theater zu schaffen. Sie lässt die Handlung von der Leinwand auf die Bühne überspringen. Farben und Formen aus ihren Filmen tauchen auf der Bühne auf, Versatzstücke aus den Kostümen finden sich im Video wieder. Schauspieler machen Gesten, die live auf die Leinwand übertragen werden, oder sie sprechen auf der Bühne die Texte der stummen Filmfiguren. Bei „Bahnwärter Thiel" arbeitete Rebecca Riedel mit Schattenspielen, die zum Teil live hergestellt wurden. Film-Schatten kombinierte sie mit den Schatten der Schauspieler. Dazu mussten die Kostüme so entworfen werden, dass sie interessante Silhouetten mit scharfen Konturen an die Wand warfen. Die Darsteller mussten lernen, den Kopf nicht zu schnell zu bewegen.

Rebecca Riedel findet es auch spannend, filmische Mittel ins Theater zu übertragen, etwa die Wischblende beim Übergang zwischen zwei Szenen zu simulieren. Video und Bühne werden dann nicht gemeinsam, sondern nacheinander aus- und wieder eingeblendet. Grundsätzlich ist es den Videokünstlern auf der Bühne immer zu hell und den Beleuchtern zu dunkel. Rebecca Riedel sieht allerdings Probleme gern als kreative Herausforderungen. „Einmal habe ich einen hellen Fleck ins Video eingearbeitet, aus dem heraus die Schauspieler angeleuchtet wurden", meint sie. So konnte der „störende" Scheinwerfer dunkel bleiben.

Zum Theater wollte die Frankfurterin eigentlich immer. Ende der achtziger Jahre erlebte sie als Teenager erstmals eine Theater-Video-Performance der New Yorker Wooster Group. „Diese fantastische, neue Art, mit dem Bühnenraum umzugehen, hat mich umgehauen", erinnert sie sich. Trotzdem machte sie erst einmal eine Lehre als Modistin und begann dann, Mode und Kostümbild zu studieren. Bald wechselte sie an der Universität der Künste Berlin zur Visuellen Kommunikation mit dem Schwerpunkt Experimentelle Bildgestaltung. Sie etablierte sich in der Bühnenvideoszene, während ihre Kommilitonen freie

Videokünstler, Kameramänner oder Fernsehredakteure wurden. Rebecca Riedel wurde Mitglied von Superschool und gründete das Duo Riedel & Ulfig. „Als Bildende Künstlerin arbeite ich auch, aber momentan sehe ich das mehr als Hobby", sagt sie.

Wenn sie mit dem Regisseur über eine neue Produktion gesprochen hat, sammelt sie erst einmal Material zum Thema: Filme und Fotos, Bilder aus Magazinen, Videoclips aus dem Internet. „Ich versuche eine Kollektion zusammenzustellen, aus der ich später schöpfen kann. Bei den Proben beginne ich mit dem assoziativen Einspielen von Material, aus dem sich der ganze Probenraum inspirieren lassen kann", erklärt sie. Dann zeigt sich, in welche Richtung sich die Produktion entwickelt, was die Videokünstlerin auswählen, bearbeiten oder neu drehen will.

„Man muss sich kleine Dinge ganz groß vorstellen können", sagt Rebecca Riedel. Auf dem Computer wirken die Filme ganz anders als im Theatersaal. „Ein großes Videobild ist so mächtig, dass man automatisch hinsieht. Das ist nicht immer gewollt. Auch der Schnittrhythmus wirkt oft zu hektisch und muss verlangsamt werden."

Schon in den zwanziger Jahren setzte man filmische Mittel im Theater ein, sehr erfolgreich und aufwändig etwa auf der Piscator-Bühne. In den letzten Jahrzehnten ist die Videokunst im Theater und in der Oper immer üblicher geworden. Das hängt auch mit der Entwicklung der Technik zusammen. Kameras und Beamer werden immer besser, kleiner und preiswerter. "Als ich anfing, gab es nur die altmodischen Videomischer, mit denen man bestenfalls zwischen zwei DVDs hin- und herwechseln konnte. Heute kann ich alles am Computer programmieren und steuern."

Auch die Theater haben sich inzwischen auf die bewegten Bilder eingestellt. Früher mussten Ton- oder Beleuchtungsmeister die Videos betreuen. Heute gibt es an vielen Häusern eigene Videoabteilungen mit Videotechnikern, Beamern und Leinwänden. „Eine Zeit lang wurden Videos recht inflationär eingesetzt, da stellte jeder eine Videokamera auf die Bühne", findet Rebecca Riedel. „Inzwischen befindet sich die Kunstform aber wieder auf einem guten Weg. Der Umgang mit den faszinierenden Möglichkeiten des Bühnenvideos ist viel präziser geworden."

Ballettspiele mit kleinen Schwänen
Die Tanzpädagogin und Tanztherapeutin

Steif und eckig kommt der Blechmann daher. Weich und rund wirkt alles, was die knochenlose Vogelscheuche unternimmt. Bettina Thiel lässt die Kinder in ihren Workshops gern denselben Bewegungsablauf erst als Blechmann und dann als Vogelscheuche machen. Dann staunen sie über die Unterschiede und sehen das Ballett „Der Zauberer von Oz" mit anderen Augen.

Einführungsworkshops zu den Stücken des Staatsballetts gehören zu den Aufgaben der Tanzpädagogin und Tanztherapeutin. Zwei Stunden vor der Vorstellung erzählt sie interessierten Familien etwas über das Stück und seine Figuren, lässt sie spielen und improvisieren. Vor „Schwanensee" lässt sie die Kinder gern eine vereinfachte Version der vier kleinen Schwäne tanzen. „Sie merken schnell, dass das gar nicht so leicht ist, wie es aussieht", erklärt Bettina Thiel.

Viele Jahre lang gehörte die Potsdamerin als Erste Solo-Tänzerin zu den Stars des Staatsballetts. Sie tanzte die großen klassischen Partien und die interessantesten Charakterrollen. Choreografen wie Maurice Béjart schufen Rollen für die ausdrucksstarke Künstlerin. Doch Tänzerkarrieren sind kurz. Jenseits der Vierzig muss sich jeder nach einem zweiten Beruf umsehen. Bettina Thiel hat über ihr Leben nach der Bühnenzeit lange nachgedacht. „Ich wollte nicht in der professionellen Ballettausbildung arbeiten. Improvisation hat mich sehr interessiert.

Das ist ein Bereich, der mir in meiner Zeit als Tänzerin ein wenig gefehlt hat", überlegt sie.

Fünf Jahre lang hat sie berufsbegleitende Ausbildungen zur Tanztherapeutin und im kreativen Kindertanz gemacht. Während sie noch als Tänzerin arbeitete, begann sie in der Education-Abteilung „Tanz ist klasse!". Vor einem guten Jahr hat sie sich als Mutter in „Schneewittchen" von der Bühne verabschiedet. Nun ist sie eine von vier ehemaligen Tänzerinnen, die beim Staatsballett mit Kindern und Jugendlichen arbeiten.

Bettina Thiel begleitet Schulklassen, die zum Staatsballett in die Deutsche Oper kommen, um ganz allgemein etwas über Ballett zu erfahren, beim Training oder bei Proben zusehen, Kostüme und Requisiten bestaunen und selbst die ersten Tanzschritte ausprobieren. Sie leitet kreative Kindertanz-Kurse für verschiedene Altersgruppen. Schon Vierjährige nehmen an ihren Bewegungsspielen teil. „Kleine Kinder improvisieren lieber als ältere. Jugendliche haben gern eine feste Struktur, eine Choreografie", meint sie.

Ihre therapeutischen Fähigkeiten sind gefragt, wenn sie einmal in der Woche die Klinikschule in Herzberge besucht, mit der das Staatsballett eine Patenschaft verbindet. Dort arbeitet sie mit verhaltensauffälligen Kindern. Sie haben oft Schwierigkeiten, sich in eine Gemeinschaft zu integrieren, und da kann der Gruppentanz helfen. „Die Kinder erfahren über Rollenspiele, sich in die Situation des anderen hineinzuversetzen und lernen darüber, Partnerschaften aufzubauen", sagt Bettina Thiel. Die Gruppen sind dort sehr klein, manchmal gibt sie auch Einzeltherapiestunden.

Die Tanzpädagogin geht auch regelmäßig in Schulen, in denen es Tanz als AG oder sogar als reguläres Unterrichtsfach gibt. Sie macht mit den Kindern Tanzspiele, erkundet mit ihnen das Raum- und Körperempfinden, die Grenze zwischen Alltagsbewegungen und Tanz. Vier Jahre lang hat sie die Grundschüler einer Klasse an der Erika-Mann-Schule im Wedding begleitet. Viele Kinder haben dort einen Migrationshintergrund, und Bettina Thiel hat gern alles aufgegriffen, was sie aus ihrem Leben und ihren Ländern mitbringen. „In den arabischen Ländern wird viel getanzt, etwa bei Hochzeiten. Wir integrieren das in den Unterricht. Ich selbst lerne durch diese Arbeit immer wieder dazu", erzählt Bettina Thiel.

Für ihre Arbeit mit den Kindern beschäftigt sie sich mit vielen Tanzstilen, die in ihrer Ballettkarriere nicht gefragt waren. In einem einwöchigen Intensivkurs hat sie sich etwa mit Hiphop auseinandergesetzt. Das interessiert die Kinder einfach mehr als der Spitzentanz. Jedes Schuljahr endet mit einer Aufführung. Diesmal ging es um „Die Reise um die Welt in 80 Tagen". Die Tanztheaterreise ging durch die Länder, aus denen die Kinder stammen: arabische Länder, die Türkei, Russland, Bosnien und Ungarn.

Nach vier Jahren übernimmt Bettina Thiel im Herbst eine neue Schulklasse. Zum Abschied haben ihr einige Schüler kleine private Dankbriefchen geschrieben. Ein Junge meinte, dass er mit der Tanzerei erst gar nichts anfangen konnte - und das Fach inzwischen heiß und innig liebt.

Viel Geduld und Humor braucht Bettina Thiel in ihrem neuen Beruf. Es geht ihr darum, Kreativität zu wecken und Freude an der Bewegung zu vermitteln. Zähe Stunden sind schnell vergessen, wenn sie merkt, dass ihre kleinen Tänzer wirklich miteinander kommunizieren und alles um sich herum vergessen. „Früher habe ich mich in einer Art Märchenwelt aufgehalten. Jetzt setze ich mich mit der Lebensrealität der Kinder auseinander", überlegt Bettina Thiel. Für sie ist das eine große Herausforderung, und noch etwas anderes ist neu: „Als Tänzerin war ich ganz auf mich selbst konzentriert. In meinem neuen Beruf geht es um die anderen."

Zehn Tonnen Stahl fürs Bühnenbild
Der Theaterschlosser

Historische Pressluftflaschen aus den zwanziger Jahren, eine Büste von Richard Wagner und das Modell einer schrägen Riesenröhre schmücken Peter Kohlsmanns Büro. „Die Riesenröhre stammt aus Harry Kupfers ‚Rheingold'-Inszenierung und ist eine meiner Lieblingsarbeiten", erzählt der Leiter der Theaterschlosserei des Bühnenservice.

Zum Thema Lieblingsarbeiten fällt ihm im Lauf des Gesprächs immer wieder etwas Neues ein. Da ist etwa die zwölf Meter große Uhr aus Peter Mussbachs „Faustus", die erst liegt und sich dann aufrichtet, deren Ziffernblatt zunehmend demontiert wird, während Sänger auf den Zeigern hocken. Oder der acht Meter hohe Mantel und der Riesenkopf, den er für Achim Freyer fabriziert hat. Die kleinen Pferdchen, die Kohlsmann mit Hilfe von Scheibenwischermotoren bewegte. Natürlich auch das bühnenfüllende Haus für „Das Mädchen mit den Schwefelhölzern" mit mehreren Stockwerken, Wohnungen und Lüftungsschächten, in denen sich überall Darsteller bewegten. „Fast zehn Tonnen Stahl haben wir dabei verbaut, doppelt so viel wie sonst. Eine Woche wurde die massive Konstruktion aufgebaut, der Abbau dauerte noch einmal so lange", sagt Peter Kohlsmann.

Sein Büro liegt erhöht über der großen Halle, in der seine 17 Mitarbeiter sägen und schweißen, Bleche schneiden und Rohre zurecht biegen. Funken fliegen durch die Luft, ein Kransystem transportiert die schweren Bauteile. Jeder redet hier noch von Schlossern und Schlosserei, obwohl die Berufsbezeichnung inzwischen Metallbauer und Konstruktionsmechaniker heißt.

Die Bauten der Theaterschlosserei sind die Grundlage für jedes Bühnenbild, das in den drei Berliner Opernhäusern, dem Staatsballett, dem Deutschen Theater und dem Theater an der Parkaue zu sehen ist. 70 Produktionen im Jahr hat Kohlsmann zu koordinieren. 160 Tonnen Stahl und Aluminium verarbeiten seine Schlosser nach den Konstruktionsplänen der Theater. Sie produzieren komplexe Fundamente, Podeste, Treppen, Balkone, Bäume und Schiffe. „Nur ein Fünftel von dem, was wir bauen, ist auf der Bühne zu sehen", verrät der Meister. Fast alle Stahlkonstruktionen werden am Ende mit Holzplatten verdeckt, mit Stoff oder Plastik kaschiert.

Die Bedeutung der Theaterschlosserei hat deutlich zugenommen. Früher wurde alles aus Holz gebaut. Als Kohlsmann 1986 anfing, wurden nur kleine Beschläge aus Stahl gefertigt, um die großen Holzbauten zu unterstützen. „Seit etwa zwanzig Jahren baut man immer mehr aus Metall. Dafür gibt es zwei Gründe. Einerseits sollen die Bühnenbilder immer massiver, räumlicher, belastbarer und spektakulärer werden. Andererseits sind heute viel leistungsfähigere Maschinen im Einsatz, die die Arbeiten einfacher und preiswerter machen." Sägearbeiten, die früher eine halbe Stunde gedauert haben, erledigt er heute mit der Bandsäge ganz schnell. Mit der Plasmaschneidmaschine kann er freie Formen aus Blech aussägen. Auch mit den modernen Schweißverfahren geht alles viel einfacher.

Am Ende, wenn die Produktion abgespielt ist, wird alles verschrottet. Vorher werden teure, wiederverwendbare Bauteile wie Räder und Rollen aber abgeschraubt. „Wir haben für ‚Die Zarenbraut' an der Staatsoper eine Drehscheibe gebaut. Die 90 Räder daran kosten allein 9000 Euro", erklärt Kohlsmann.

Was seine Werkstatt konstruiert, muss möglichst beweglich sein, von zwei Bühnenarbeitern getragen werden können, auf Rollen stehen oder mit Elektromotoren ausgestattet sein. Das Bühnenbild muss in Einzeltele zerlegbar sein, die in Seecontainer und durch die Türen der Opernhäuser passen. Peter Kohlsmann hat die Maße alle im Kopf. Schließlich müssen die Bühnenbilder nach jeder Vorstellung auseinander geschraubt werden.

Als Kind hat er fünf Jahre lang im Kinderchor der Staatsoper gesungen. „Daher habe ich meine Opernmacke. Schließlich stand ich mit Leuten wie Rene Kollo auf der Bühne", erinnert er sich. Nach der Schule begann er eine Metallbauer-Ausbildung in der Staatsopern-Werkstatt und wurde übernommen. Er ging mit dem Ensemble auf Gastspielreisen nach Japan und Barcelona, machte später noch seine Meisterprüfung und leitet seit 2005 die Schlosserei des Bühnenservice.

In der Montagehalle ist die Dekoration vom „Sommernachtstraum" an der Komischen Oper fertig geworden, eine hügelige Landschaft aus Haut. Die vielen fahrenden Stahlwagen, aus denen sie sich zusammensetzt, sind nicht zu sehen. Besonders gern hat Peter Kohlsmann die neun Meter hohe Wendeltreppe nebenan. Sie ist für die „Nabucco"-Produktion an der Deutschen Oper. Sie wird noch blau und gelb angestrichen und bekommt oben eine Plattform. Sieben Leute sollen darauf stehen.

Peter Kohlsmann ist schon ganz gespannt darauf, wie sie dann im Bühnenlicht wirken wird. Er sieht sich jede „seiner" Produktionen an, allerdings mit ganz anderen Augen als andere Opernfreunde. „Den Gesang kann ich weniger gut beurteilen. Mich interessieren die technischen Details, die Fahrten aus dem Schnürboden, das Gerumpel beim Umbau, wenn sie zwei Teile nicht richtig zusammen bekommen", erzählt er. Er fiebert nicht mit den Sängern mit, sondern mit den Technikern und Bühnenarbeitern. Seine Berufswahl hat er nie bereut: „Soll ich Geländer in Hochhäusern einbauen? Nee, ich möchte nirgendwo anders arbeiten."

Stars auf der Rückbank
Der Chauffeur

Den ersten Interviewtermin muss Ian Baxter wieder absagen. „Simon braucht mich", sagt er am Telefon mit einer Mischung aus Bedauern und Stolz. Der Engländer empfindet es als großes Privileg, für Sir Simon Rattle zu arbeiten, auch wenn seine eigenen Termine immer hinten anstehen müssen.

Ein paar Wochen später findet das Interview statt, während der englische Stardirigent auf Konzertreise ist. Die Philharmonie ist Baxters zweites Zuhause. „Wir könnten ins Musikerfoyer gehen oder in Simons Zimmer, ich habe den Schlüssel", überlegt der philharmonische Chauffeur. Wir bleiben dann doch in seinem Wagen sitzen, auf den eleganten, elfenbeinfarbenen Lederbänken im Fonds. Im schwarzen Mercedes Viano können sich bis zu sechs Menschen gegenüber sitzen.

Wofür brauchen die Berliner Philharmoniker und ihr Chefdirigent einen Bus? „Simon liebt es, nach dem Konzert die Solisten oder andere Musiker einzuladen. Früher hatten wir einen Wagen mit vier Plätzen, da konnten nicht alle mitfahren, und wir mussten zusätzlich ein Taxi rufen", erklärt Ian Baxter. Nun können sich die Musiker schon auf der Fahrt von der Philharmonie ins Restaurant vis-à-vis angeregt über das Konzert unterhalten. Der Bus ist auch praktisch, wenn Baxter kleinere philharmonische Ensembles, etwa ein Streichquartett, zum Konzert bringt. Instrumente transportiert er mit dem schicken Wagen allerdings selten, schließlich könnten die Sitze zerkratzen.

Meistens ist Ian Baxter mit Sir Simon unterwegs. Er hat den Dirigenten schon quer durch Deutschland chauffiert. „Ich nenne ihn Boss", sagt der Chauffeur, „und er nennt mich manchmal auch Boss." Die Beiden scheinen sich gut zu verstehen, auch weil sie Briten sind, während der Fahrt englisch sprechen und BBC World im Radio hören. „Wir haben denselben Humor, den hier nicht viele Menschen verstehen, aber das gehört eben zur englischen Mentalität", sagt Baxter.

In seiner freundlichen, höflichen, zurückhaltenden Art wirkt er tatsächlich sehr britisch. Geschichten und Anekdoten über die Musiker, die er fährt, bekommt von ihm niemand zu hören. „Was im Wagen besprochen wird, bleibt im Wagen", lautet seine klare Devise. Wenn Simon Rattle im Auto Verhandlungen führt, muss er sich auf Baxters Verschwiegenheit verlassen können. Die zweite wichtige Eigenschaft des Chauffeurs ist Zuverlässigkeit: „Ich muss da sein, wenn ich gebraucht werde." Noch nie hat er jemanden zu spät zum Konzert oder zur Probe abgeliefert.

Seit 2004 fährt der Brite für die Philharmoniker auch Gastdirigenten wie Seiji Ozawa, Claudio Abbado und Bernard Haitink und Solisten wie den Geiger Joshua Bell, die Pianisten Mitsuko Ushida und András Schiff. Er holt sie vom Flughafen ab, bringt sie pünktlich zu den Proben und ins Hotel. „Die meisten Musiker übernachten hier am Potsdamer Platz und brauchen keinen Wagen. Manchen ist es hier aber auch zu laut oder sie haben einfach ein Lieblingshotel in einem anderen Stadtteil", erzählt der Fahrer.

Ian Baxter ist der einzige fest angestellte Chauffeur der Berliner Philharmoniker. Daneben gibt es noch einige Studenten, die ab und zu mit einem anderen Bus und einer Limousine für das Haus im Einsatz sind, um den Intendanten, Musiker oder Instrumente zu transportieren. Alle gehören zur Abteilung Künstlerische Produktion. Feste Arbeitszeiten kennt Baxter nicht, er ist von früh bis spät in Bereitschaft. „Wenn ich mir den Dienstplan des Orchesters ansehe, weiß ich schon ungefähr, was ich zu tun habe", sagt er.

Meist holt er Simon Rattle morgens von zu Hause ab und bringt ihn zur Probe. Baxter sitzt dann im Musikerfoyer, trinkt seinen Kaffee und wartet, bis er den Dirigenten wieder zurückbringen kann. Nachmittags wiederholt sich das Ganze zur zweiten Probe. Zwischendurch gibt es vielleicht noch einen anderen Auftrag. „Manchmal bringe ich Noten in die Staatsoper oder den RBB", meint er. Die Häuser helfen sich gegenseitig aus.

Einige Musiker wollen sich auf dem Weg zum Konzert unterhalten, die meisten konzentrieren sich aber ganz auf das kommende Ereignis. „Manche denken so intensiv an ihre Musik, dass man sie schon fast hören kann", findet der Chauffeur. „Diese großen Musiker sind schon eine besondere Art von Menschen, sie leben ganz für ihre Kunst." Simon Rattle arbeitet meist im Wagen, studiert seine Partitur, macht Eintragungen und Notizen. Da muss Baxter den Wagen ruhig fahren.

Ian Baxter hat vor vielen Jahren auch als Musiker angefangen. An der Militärakademie hatte er vier Jahre lang Saxofon und Flöte studiert, bevor er 1970 mit dem Britischen Militärorchester nach Berlin kam. Er heiratete eine Deutsche und wurde Teil der quirligen West-Berliner Jazzszene. Als Vater von drei Kindern suchte er sich schließlich doch eine feste Arbeitsstelle, wurde technischer Kontrolleur und schließlich Steward bei British Airways. Als die Fluggesellschaft 1993 ihre Basis von Berlin nach London verlegte, begann Baxter als Pförtner in der

Philharmonie. Als er gefragt wurde, ob er Fahrer werden wollte, sagte er sofort begeistert zu.

Seine Entscheidung hat er nie bereut. „Simon ist eine sehr menschliche Art von Chef, er respektiert meine Arbeit, und ich habe natürlich die allergrößte Achtung vor seiner Kunst. Ich kann mir einfach nicht erklären, wie er all die Partituren im Kopf behalten kann. Er dirigiert ja meistens auswendig", überlegt er. Sehr gern geht er in die Konzerte der Berliner Philharmoniker. Auch das Fahren macht ihm immer noch Freude. Er denkt nicht daran, sich zur Ruhe zu setzen: „Nicht, solange mich Simon braucht."

Ohne Organisation ist alles nichts
Das Orchesterbüro

Die Musiker leben für ihre Kunst und ihre Konzerte. Um alles andere kümmert sich das Orchesterbüro. Bevor Beethoven und Brahms erklingen können, müssen Noten bestellt, Dienstpläne geschrieben, Ausschreibungen formuliert, Proben und Vorspieltermine organisiert werden. Klingt das ein wenig langweilig? „Auf gar keinen Fall", protestiert Klemens Schmitzer, der als Orchestermanager das Orchesterbüro des Konzerthausorchesters leitet. „Jeder einzelne Tag bringt neue, spannende Herausforderungen. Für den ‚Figaro' zum Saisonbeginn waren auf einmal Kostüme gefragt."

Zu seinen vornehmsten Aufgaben gehört der Blick in die Partituren, die aufgeführt werden sollen. Steht darin ein Instrument, das im Orchester nicht vorhanden ist, muss er für eine Aushilfe sorgen. Einen Saxophonisten kann man finden, zur Not auch eine Ondes-Martenot-Spielerin. Manche zeitgenössischen Komponisten denken sich aber ganz eigene „Instrumente" aus. „Für die März-Musik mussten wir trockene Äste besorgen. Es ging um das Knackgeräusch beim Brechen des Holzes", erzählt er. Ein Mitarbeiter hat schließlich sehr gut klingende Äste gesammelt, die den künstlerischen Anforderungen genügten.

Aber auch normalere Instrumente sind nicht immer zu haben. Gerade ist ein Solo-Cellist aus gesundheitlichen Gründen ausgefallen. Nun gibt es in Berlin eine ganze Reihe von Orchestern, und natürlich besitzt jedes Orchesterbüro Telefonlisten aller anderen Musiker. Manchmal ist es aber wie verhext, und niemand hat eine Woche lang Zeit, um bei Proben und Konzerten auszuhelfen. „Wir haben dann in Dresden, Leipzig, Hamburg, Hannover und sogar beim Concertgebouw in Amsterdam angerufen. Am Ende haben wir einen Solo-Cellisten in München gefunden.

Vor Proben und Konzerten ist Schmitzer hinter der Bühne zu finden. Bei mehr als 100 Orchestermusikern muss schließlich jemand kontrollieren, ob alle da sind und sich wohl fühlen oder ob ein Musiker im Stau steckt. Neulich erst hatte ein Musiker ernsthafte gesundheitliche Probleme, da musste Schmitzer den Notarzt rufen und einen Ersatzspieler besorgen. Die Mitarbeiter des Orchesterbüros fürchten sich immer vor dem Frühjahr und dem Herbst, wenn die Grippewelle das Orchester erfasst.

Das Orchesterbüro liegt sehr praktisch gleich neben dem Bühneneingang. Jeder Musiker kommt auf dem Weg von oder nach draußen daran vorbei. Viele schauen hinein und haben kleine Wünsche. „Manchmal geht es nur um Kleinigkeiten, wenn jemand einen Bleistift, eine Nagelschere oder Hustenbonbons braucht", erzählt der Orchestermanager. „Oder sie kommen mit einem Urlaubsschein, haben Fragen zum Dienstplan oder zu Aushängen."

Schmitzers Mitarbeiterin arbeitet schon seit vier Jahrzehnten im Orchesterbüro. Außerdem gibt es immer einen halbjährlich wechselnden studentischen Praktikanten, der sich speziell um die auswärtigen Gastdirigenten und Gastsolisten kümmert. Er holt sie vom Flughafen ab, bringt sie ins Hotel, zeigt ihnen die Wege hinter der Bühne des Konzerthauses, erfüllt Wünsche nach Getränken und Eintrittskarten.

Klemens Schmitzer ist begeistert vom Teamgeist und der

familiären Atmosphäre im Orchester. Dass er mit den Musikern auf einer Wellenlänge schwingt, ist kein Wunder. Er hat selbst als Musiker begonnen. „Ich weiß einfach ganz genau, wie es sich anfühlt, ein Konzert vor sich zu haben und was einem Musiker wichtig ist", sagt er.

Schmitzer wollte mit vier Jahren unbedingt Posaune spielen, aber er war viel zu klein für das große Blechblasinstrument, das man normalerweise mit 12 oder 13 Jahren lernt. Er versuchte sich also auf der Geige und der Blockflöte, bis er mit neun Jahren endlich einen Posaunen-Lehrer fand, der es mit ihm versuchte. Die Liebe zum Instrument wurde immer größer, und nach dem Studium wurde Schmitzer Solo-Posaunist in Radebeul und dann zwölf Jahre lang in Chemnitz. Eine tragische Krankheit zwang ihn, seine Leidenschaft aufzugeben: „Ich hatte einen Defekt an der Schulter und konnte das Instrument nicht mehr störungsfrei halten. Ich musste mir eine neue berufliche Perspektive suchen."

Seine Wahl fiel auf das Kulturmanagement-Studium in Weimar, das Orchesterbüro war damals sein klares Ziel. Schon als Student hatte er für seine Kammermusikensembles immer Tourneen organisiert, Werbung gemacht, Programme geschrieben, Flyer und Plakate entworfen. Nach dem Studium arbeitete er elf Jahre lang am Theater Lübeck, bevor er nach Berlin wechselte.

Er schätzt die multikulturelle Atmosphäre in der Stadt und vor allem am Haus. „Ich glaube, das Orchester allein vereint schon 15 Nationen, und ich liebe es einfach, an Konzertabenden durchs Haus zu gehen und den verschiedenen Sprachen zu lauschen." Er freut sich auf die kommenden Reisen mit dem Orchester und auf jedes einzelne Konzert. „Ich achte immer darauf, ob alle gut im Gespräch miteinander sind und wirklich alles bedacht wird", sagt er und fügt stolz hinzu: „Das Orchesterbüro ist schließlich der erste Ansprechpartner der Musiker."

Ein Platz in der Loge
Der Pförtner

Dies ist ein Notfall – ring-ring – dies ist ein Notfall – ring-ring", tönt es aus den Lautsprechern in der Volksbühne. Klaus Güttler springt aus seinem Sessel auf. Einen Feueralarm hat der Bühnenpförtner noch nie erlebt. Leicht nervös drückt er die richtigen Knöpfe an der Brandmeldezentrale in der Pförtnerloge. Innerhalb von 30 Sekunden muss er auf „Erkundung" schalten, dann lässt er sich das „Ortsinfo" anzeigen.

„Das ist unten im Keller", sagt er. Innerhalb von zweieinhalb Minuten muss er entscheiden, ob er den Alarm abstellt. Wenn nicht, kommt automatisch die Feuerwehr – und bei einem Fehlalarm wird das teuer. „Was mach ich jetzt?" murmelt er, drückt den Abbruchknopf und rennt los. Der Keller ist nicht weit, wenn es dort wirklich brennt, kann er immer noch die Feuerwehr rufen. Nach fünf Minuten ist er zurück: „Alles in Ordnung, es war wirklich ein Fehlalarm. Er kam von dem Rauchmelder in einem verschlossenen Kellerraum, in dem nur der Fettabscheider der Kantine steht." Güttler informiert telefonisch den Betriebsingenieur, dann herrscht wieder Ruhe.

Die Sicherheit des Hauses gehört zu den wichtigsten Aufgaben des Bühnenpförtners. Einen echten Brand hat es seit zehn Jahren nicht gegeben. Damals entdeckte eine Putzfrau noch rechtzeitig einen Schwelbrand an einem Akku auf der Bühne. Manchmal ist es auch wichtig, die Rauchmelder über der Bühne auszuschalten, wenn während der Vorstellung geraucht oder die Bühne eingenebelt wird.

Klaus Güttler und seine vier Kollegen, die im 24-Stunden-Schichtbetrieb arbeiten, unternehmen vier tägliche Rundgänge, um vor allem nachts zu prüfen, ob alle Haustüren verschlossen sind und in den Räumen niemand unfreiwillig eingesperrt ist. In der übrigen Zeit kann er die Eingänge über seine Monitore überwachen. „Manchmal schrecke ich auf, wenn nachts plötzlich das Licht am Fahrradständer angeht. Es ist dann aber doch immer nur eine Katze, auf die der Bewegungsmelder reagiert", erzählt er.

Güttler sitzt gern in seiner Pförtnerloge. Eigentlich ist er DV-Kaufmann und hat 25 Jahre lang bei der Bewag gearbeitet. Im Jahr 2000 machte er sich als Silberschmuckverkäufer auf Märkten selbstständig. Seine Freundin arbeitet in der Kantine der Volksbühne und erfuhr von der freien Pförtnerstelle. „So habe ich mit 55 Jahren noch eine Stelle im Öffentlichen Dienst bekommen", freut er sich. „Langweilig wird es hier nie, schließlich sind wir am Theater."

Koch Ulli kommt morgens immer als Erster, oft schon um fünf Uhr früh. Dann treffen die Raumpflegekräfte, später die Bühnentechniker, Maskenbildner und Verwaltungsangestellten ein, rechtzeitig vor 11 Uhr finden sich meist die Schauspieler zur ersten Probe ein. Güttler kann auf seinem Tagesplan genau sehen, was im Haus passiert. Die Vorstellungen abends sieht er sich gern auf seinem Fernsehgerät an, wenn sie aus dem Saal übertragen werden.

Wer glaubt, dass es nachts ruhig in der Volksbühne ist, kennt die Künstler und ihr Publikum schlecht. Klaus Güttler schätzt, dass an 20 Prozent der Tage nachts gefeiert wird. Vor allem nach Premieren geht es oft bis morgens um sechs. „Bei der Premiere von ‚Ohne Titel Nr.1' konnte man in der Kantine nichts mehr erkennen, alles war schwarz vor Menschen. Bei minus 10 Grad standen mindestens noch 20 Leute im Hof", sagt Güttler.

Die Pförtnerloge muss immer besetzt sein. Bevor Klaus Güttler seine Stelle antrat, wollte er von einem Kollegen wissen, was passiert, wenn er krank werden sollte. „Ach, immer herkommen", antwortete der Kollege. „Und wenn ich mir auf dem Weg zur Arbeit ein Bein breche?", fragte der Neuling. „Trotzdem, erst mal herkommen", scherzte der Pförtnerkollege.

Die Pförtner sind die Herren über 350 Schlüssel. Im Schlüsselbuch steht, wer welchen Schlüssel haben darf, aber Klaus Güttler muss selten nachsehen. Mittlerweile kennt er die Mitarbeiter, und wenn er einen Dramaturgen kommen sieht, greift er automatisch nach dem richtigen Büroschlüssel. Die Bühnenpförtner verwalten auch die Parkkarten für die beiden hauseigenen Parkplätze. Außerdem ist die Pförtnerloge die Poststation, in der alle Briefe und Pakete ankommen. „Meist steht darauf, in welche Abteilung die Post gehört. Wenn nicht, müssen wir es herausfinden. Ich sehe dann erst einmal auf den Lieferschein oder rufe unsere Haupteinkäuferin an", erklärt Güttler. Einmal monatlich frankieren die Pförtner 3500 Briefe mit den Leporellos der Volksbühne, die bis nach Übersee verschickt werden. Die Fahrer des Hauses liefern sie dann bei der Post ab.

„Vor allem sind wir aber die Navigatoren", findet der Bühnenpförtner. Jeden Anrufer verbindet er mit der gewünschten Abteilung. Jedem Gast erklärt er den Weg in die Pressestelle oder ins Künstlerische Betriebsbüro, oder er ruft jemanden an, der den Gast abholt. Mittags muss er oft den Weg in die Kantine zeigen, denn sie ist öffentlich und zieht viele Besucher an. Die

Sommerferien werden immer genutzt, um Reparaturen am Haus durchzuführen. Dann betreuen die Pförtner die verschiedenen Handwerksfirmen.

„Neulich brachte jemand ein großes Schaf für die Requisite, das sah herrlich lebensecht aus", erzählt Güttler. Manchmal kommt aber auch einfach jemand von der Straße, dessen Auto nicht anspringt und nach einem Starthilfekabel fragt. „Ich vergleiche die Theaterabteilungen mit verschiedenen Körperteilen", erklärt Klaus Güttler, der in seiner Freizeit Gedichte schreibt. „Die Intendanz ist Herz und Hirn des Hauses, die Kantine ist die Leber, die Kasse die Lunge, denn sie atmet das Geld ein. Wir sind der Magen, hier kommt alles unsortiert herein, wird dann aber genau verteilt."

Bühnenpförtner Güttler freut sich jedes Mal, wenn Schauspieler wie Martin Wuttke, Meret Becker, ChrisTine Urspruch oder Alexander Scheer bei ihm vorbeikommen. Irm Hermann kennt er aus den alten Fassbinder-Filmen. Mit dem Altmeister Harald Warmbrunn unterhält er sich besonders gern. „Die Menschen hier sind so interessant, das ist schon eine tolle Truppe", sagt er. „Da habe ich ins Schwarze getroffen."

Herr der Maschinenhölle
Der Hydraulikmeister

Im Keller des Palastes ist alles grau und düster. Es sirrt und summt und riecht nach Maschinenöl. Sechs große Pumpen sind an einen Kasten mit 5000 Litern Öl angeschlossen. Damit werden das Schwimmbecken und eine große Betonfläche auf die Bühne hinauf oder auch zur Seite bewegt. Die Hydraulikräume sind die Eingeweide in der Glamourwelt des Friedrichstadtpalasts. Hier unten gibt es absolut nichts Buntes, Glitzerndes und Funkelndes. In der Unterwelt herrschen Stahl, Nieten, Hebel und Kontrolllämpchen. Eine zerschlissene Clownspuppe liegt wie ein trauriges Maskottchen neben der Leiter zum Steuerpult.

Heiß ist es in diesen Kellerräumen. Das liegt daran, dass das Wasser im Becken immer 34 Grad warm sein soll. Die Räume wirken wie die Maschinenhölle vom Friedrichstadtpalast. Nur, dass der Herr der Hölle absolut nichts Teuflisches an sich hat. Er kümmert sich gern um das Schwimmbecken. „Wenn das Wasser nur 33 Grad hat, beschweren sich die Künstler schon. Sie merken das sofort", meint Martin Zernickow. Natürlich muss das Wasser auch absolut klar sein, die Zuschauer wollen die Schwimmer schließlich sehen. „Das normale Berliner Leitungswasser wäre zu trüb", erklärt der Maschinenbaumeister, der sich zum Hydraulikmeister weitergebildet hat. 150.000 Liter fasst das riesige Becken. Martin Zernickow achtet darauf, dass die Umwälzpumpe funktioniert und das kolossale Schwergewicht überall hinfährt, wo es die Künstler brauchen.

Die Betonfläche mit den eingebauten Kühlschlangen wurde schon lange nicht mehr als Eisfläche zum Schlittschuhlaufen eingesetzt. Verwendet wird sie aber in jeder Show, mal als Untergrund für eine gigantische Torte, mal als Sandkasten. Martin Zernickow und seine Kollegen sorgen dafür, dass alle Maschinen technisch zuverlässig sind und den Vorschriften entsprechen. Vor jeder Vorstellung testet er die Sicherheit der Anlagen.

Zwölf Techniker kümmern sich am Friedrichstadtpalast um die Bühnenmaschinerie und Hydraulik. Sieben von ihnen sind bei jeder Vorstellung aktiv. Dazu kommen Hauselektriker und Gebäudeleittechniker. Es ist eine eingespielte Truppe. „Einige sind seit dreißig Jahren hier, die Jüngeren seit zwanzig", schmunzelt Zernickow.

Der Hydraulikmeister ist ein Mann der allerersten Stunde. Er arbeitete im Transformatorenwerk von Oberschöneweide. Da erfuhr er von einem Bekannten 1983 vom Bau des Friedrichstadtpalasts und bewarb sich sofort. „Ich fand meine Nische im real existierenden Sozialismus", erinnert er sich. „Ich lernte ausländische Künstler kennen, auch aus dem Westen. Das war schon prickelnd." Zernickow fieberte mit, als 1984 die erste Show über die Bühne ging. Nach und nach übernahm er immer mehr Aufgaben.

Inzwischen ist er Leiter für Gebäude- und Bühnenleittechnik. Er kümmert sich nicht mehr nur um die großen Hydraulikanlagen im Untergrund, sondern auch um die Fluggeschirre, in denen die Künstler vom Obergeschoss aus auf die Bühne schweben. „Wir entwickeln und beschaffen die Gurtmaterialien", erzählt Zernickow. Sie müssen sicher sein, sich angenehm tragen und elegant aussehen. „Außerdem befassen wir uns mit den Einbauten der Artisten, die sonst eher im Zirkus auftreten.

Wir betreuen die Künstler und ihre Maschinen. Das ist unser Hobby", meint Zernickow.

Tagsüber leistet der Hydraulikmeister Büroarbeit: Meetings, Telefongespräche, Internetrecherchen, Dienstpläne. Sehr viel lieber hat er den Spätdienst. Dann kann er an Proben teilnehmen, neuen Künstlern die Anlagen erklären und dann vor allem die Vorstellung begleiten. Ist der Sandkasten frisch geharkt? Dreht sich die Stange für die Poledancerin noch leicht genug? Der Bühnenboden darf nicht rutschig, aber auch nicht zu stumpf sein. Da müssen die richtigen Zusätze ins Wischwasser der Reinigungsfirma.

Manchmal darf Martin Zernickow auf Dienstreise gehen, um nachzusehen, was für technische Neuerungen es in Las Vegas gibt oder welche technischen Anforderungen Künstler haben, die am Friedrichstadtpalast engagiert werden sollen. Im Lauf der Zeit war er in den USA, der Türkei, Moskau, Südkorea und England. In Guam sah er eine Zaubershow auf Schlittschuhen. Er klärte mit den Künstlern, wie hart das Eis sein sollte, welche Fläche und welche Requisiten gebraucht wurden. Diese Eisshow gehörte zu seinen großen Herausforderungen im Friedrichstadtpalast. Aber auch die Planung der Rohre und Pumpen für den riesigen Wasserfall in „Show Me" wird er nie vergessen.

Kleine Pannen passieren immer wieder. Neunzig Prozent davon kann Zernickow so geschickt überspielen, dass das Publikum nichts davon merkt. In den drei Jahrzehnten musste nur einmal eine ganze Vorstellung aus technischen Gründen ausfallen, als der Eiserne Vorhang einfach nicht hoch gehen wollte. Zernickows persönlicher Alptraum war eine Vorstellung im Jahr 1980. Damals gab es noch Tierdressurnummern. Eine Rampe musste ausgefahren werden, über die die Tiere in die Manege gelangen konnten. Wegen einer mangelhaften Absprache war der Techniker nicht an Ort und Stelle, die Rampe blieb unten und die Vorstellung wurde unterbrochen.

Im Oktober startet immer eine neue Show. Martin Zernickow freut sich darauf. Er liebt seinen Beruf in jeder Phase. „Eine Neuproduktion bedeutet Stress und kostet Nerven. Im Herbst beginnen außerdem die Proben für die nächste Kindershow. Nach dem Sommer bin ich hier und nirgendwo anders. Aber ich kenne und will das nicht anders."

Vom Klassenzimmer ins Theater
Die Schulbeauftragte

Nur wenige Theater haben eine Schulbeauftragte. Am Grips Theater erfüllt sie eine wichtige Funktion. Seit Jahrzehnten arbeitet das Kinder- und Jugendtheater mit 1800 Lehrern aus mehr als 500 Berliner Schulen eng zusammen. Karen Giese kennt sie alle. Am Telefon in ihrem Büro beantwortet sie Fragen nach den Themen der Stücke, bietet Workshops, Gespräche mit den Schauspielern und Material zur Nachbereitung an. Sie vermittelt zwischen den Lehrern und den Theaterpädagogen des Hauses und achtet darauf, dass jede Klasse ein geeignetes Stück findet.

„Wir haben ein Stück zum Thema Mobbing, dafür interessieren sich sehr viele Lehrer. Aber wenn sie mit einer achten Klasse kommen wollen, muss ich strikt abraten. Es ist für Erst- bis Drittklässler inszeniert", erklärt Karen Giese. Die Schulbeauftragte leitet gleichzeitig den Besucherservice. Eine naheliegende Kombination, weil etwa zwei Drittel der Grips-Besucher Schulklassen sind. Vormittags sitzen nur Schüler in den Vorstellungen. Viele Klassen kommen einmal im Jahr. Alle Schulen bekommen den Spielplan und das Schulplakat vom Grips Theater. Bei Interesse melden sie sich dann bei Karen Giese.

„Besonders eng arbeite ich mit den 500 Kontaktlehrern zusammen. Sie sind unsere Botschafter an den Schulen", meint Karen Giese. Das Theater veranstaltet besondere Abende für die Kontaktlehrer, lädt sie zu Proben ein und fragt sie vor einer

Neuproduktion nach ihrer Meinung. „Sie geben uns oft wichtige Hinweise aus ihrer praktischen Erfahrung", erzählt die Schulbeauftragte. Das Grips Theater bietet den Lehrern Weiterbildungsprojekte an, hilft bei der Arbeit mit Theater AGs oder trainiert das Auftreten vor der Klasse.

Grundschulen sind einfacher fürs Theater zu gewinnen als Oberschulen. „Von der siebten Klasse an sind die Stundenpläne sehr eng gestrickt. Leider wird ein Theaterbesuch oft als Unterrichtsausfall angesehen", weiß die Schulbeauftragte. Eigentlich würde man denken, dass besonders viele Zehlendorfer Gymnasiasten im Theater sitzen. Karen Giese widerspricht: „Gerade in Schulen aus den Brennpunkten gibt es ein großes Bedürfnis nach Theater. Sie sind besonders engagiert, weil sie wissen, dass sie etwas tun müssen. Und die Kinder dürsten geradezu danach." Das Projekt „Grips Fieber" ermöglicht den Theaterbesuch auch Kindern, deren Eltern sich die Eintrittskarten nicht leisten können.

Karen Giese hat den größten Teil ihres Berufslebens am Grips Theater verbracht, und zwar in den unterschiedlichsten Funktionen. Als Kind hat sie hier Dauerbrenner wie „Linie 1" und „Ab heute heißt du Sara" gesehen. Während ihres Studiums der Theaterwissenschaften hospitierte sie am Grips Theater. „Ich bin dann einfach kleben geblieben", meint sie. Erst hat sie an der Kasse gejobbt, dann den Foyerbereich geleitet. Auch ihren Mann, den Schauspieler Christian Giese, hat sie im Theater kennen gelernt. Sie gab das Studium auf und begann, an theaterpädagogischen Projekten mitzuarbeiten, Nachgespräche zu leiten und Schauspieler in die Schulen zu begleiten. Sie ließ sich zur Theaterpädagogin ausbilden, arbeitete einige Jahre lang freiberuflich am Hans-Otto-Theater Potsdam, im Jugendhaus Falkensee und am Theater Strahl.

Seit drei Jahren ist sie nun Schulbeauftragte im Grips Theater. Damit sie nicht nur im Büro sitzt, hat die vielseitige Karen Giese daneben den Kinderklub des Grips Theaters aufgebaut. In jeder Theatersaison entwickelt sie mit etwa 15 Zehn- bis Zwölfjährigen ein Theaterstück. „Ich arbeite besonders gern mit dieser Altersgruppe. Es sind so begeisterungsfähige Kinder, die noch ganz im Hier und Jetzt leben und eine klare Vorstellung von Richtig und Falsch haben", findet Karen Giese.

In ihren Kinderklub-Produktionen ging es um Themen wie „Revolution". Im Internet sahen sich die Kinder Bilder und Filme dazu an. Gemeinsam haben sie die FEZ-Ausstellung „Sag, was war die DDR?" besucht. Dann überlegten sie: Ist es schon Revolution, wenn ich mehr Taschengeld will? Wenn ich dem Lehrer sage, dass er ungerecht benotet? Wenn ich gegen Atomkraft demonstriere? Das Thema war schwer zu fassen.

Karen Giese wollte eine Collage aus kleinen Spielszenen entwickeln, doch da protestierten die Kinder. Sie sagten: „Wir wollen ein richtiges Stück, und wir haben auch schon eine Idee. Wir wollen eine Geschichte über ein Kind spielen, das misshandelt wird. Wir machen dann eine Revolution, damit dem Kind geholfen wird." Karen Giese war beeindruckt. Die Auflehnung gegen ihre Idee war ja auch wie eine kleine Revolution.

Mindestens einmal pro Woche trifft sich der Kinderklub. Neben der eigentlichen Arbeit an dem Stück gibt es Aufwärmübungen, Sprech- und Improvisationstraining. Die Kinder gehen aber auch zusammen auf den Spielplatz, was den Teamgeist fördert. Karen Giese macht aus ihren Kindern begeisterte Theaterbesucher. Sie geht mit ihnen in alle altersgerechten Vorstellungen, lässt sie an Hausführungen und Gesprächen mit Schauspielern teilnehmen.

Die Kinder verändern sich durch die Theatererfahrung. „Sie werden selbstbewusster, trauen sich mehr zu und halten Kritik besser aus. Auf der Bühne können sie sich ausprobieren", sagt Karen Giese. „Ein besonders braves Mädchen wollte in dem Stück einmal aggressiv sein und fluchen."

Ein Mann für alle Fälle
Der Ballettinspektor

Die Jalousie in der Garderobe spielt verrückt. Kostüme für den neuen „Don Juan" müssen in die Komische Oper, Plakate sollen in die Marketingabteilung, und die Dramaturgin möchte zurückgerufen werden. Was ist zuerst an der Reihe? Ballettinspektor Oliver Wulff hat immer alle Hände voll zu tun. „Denkst du noch an die DVD, die ich ausleihen möchte?" ruft ein Tänzer, während er durch den Ballettsaal eilt. Da klingelt schon wieder das Telefon, und die Tischlerei meldet sich wegen der Renovierung des Büros für den Intendanten. Oliver Wulff ist für alles zuständig. Er bildet die Schnittstelle zwischen den verschiedenen Abteilungen des Staatsballetts Berlin.

Der Beruf des Ballettinspektors ist in Deutschland selten geworden. „Ich habe von Kollegen gehört, dass es in Russland, Serbien und Kroatien aber noch Ballettinspektoren gibt", erklärt Oliver Wulff. 25 Jahre lang war er als Tänzer beim Staatsballett engagiert. Noch immer steht er in kleineren Rollen auf der Bühne. Doch der Tanz nimmt nur noch 10 Prozent seiner Berufszeit in Anspruch. Tänzerkarrieren sind kurz, spätestens mit vierzig denkt man über ein Ende der Bühnenlaufbahn oder einen Wechsel zum „Darsteller kleines Fach" nach. Manche werden Choreografen oder Ballettmeister, andere Ärzte oder Juristen. Oliver Wulff hat sich viele Jahre lang als Ballettsprecher und Personalrat profiliert. Er kann gut organisieren und Menschen anleiten. Deshalb schuf die Ballettdirektion die Stelle des Ballettinspektors für ihn. „Der genaue Aufgabenkatalog stand am Anfang noch nicht fest", erzählt Wulff. „Ich habe den Job mit kreiert, indem ich die Augen offen hielt und erkannte, wo Hilfe nötig ist."

Nun ist er zum Beispiel Herr über die Videothek des Hauses. Er verwaltet 700 bis 800 DVDs mit Aufnahmen von den Produktionen des Staatsballetts und seiner Vorgänger-Ensembles. Bis 1980 reicht das Videoarchiv zurück. „Wenn der Dirigent wechselt oder ein neuer Tänzer kommt, kopiere ich die DVD und leihe sie aus. Ich habe ein Buch, in das ich einschreibe, um welche Produktion mit welchem Vorstellungsdatum es sich handelt und wer sich die DVD wann ausgeliehen hat", erzählt der Ballettinspektor. In den Ballettsälen gibt es große Bildschirme und DVD-Player. In Zukunft sollen die ganzen Aufnahmen direkt vom Server in die Säle eingespielt werden.

Ein zweites Aufgabengebiet des Ballettinspektors ist die Haustechnik. Wenn es hereinregnet und die Böden in den Sälen nass und glatt sind, nimmt er sein Telefon in die Hand und sorgt für Abhilfe. Dasselbe gilt, wenn ein Computer, die Klimaanlage, Waschmaschine oder Sauna nicht richtig funktioniert. Der kaufmännische Teil seines Berufs umfasst den Einkauf des Bürobedarfs, aber auch von Stühlen und Konferenztischen. Wenn die Terrasse vor dem neuen Intendantenbüro saniert werden muss, holt er Kostenvoranschläge bei Handwerkern ein. Am Anfang hat er eine kurze Fortbildungsveranstaltung besucht und die Vergabevorschriften gelernt. Er muss wissen, dass Aufträge ab 10.000 Euro öffentlich ausgeschrieben werden müssen, sonst bekommt er Ärger mit dem Rechnungshof.

„Aus allen möglichen Abteilungen habe ich mir Aufgaben gesucht. Ich weiß gar nicht, wer das alles vorher gemacht hat", überlegt er. Nach 15 Uhr, wenn die Sekretärin nicht mehr im Haus ist, übernimmt Oliver Wulff auch die Anrufe von außen auf seinem Handy. „Wenn ich mal vergesse, die Umschaltung wieder auszustellen, klingelt es noch bis Mitternacht." Besonders viel Freude machen ihm große Projekte mit den Kooperationspartnern des Staatsballetts. Gemeinsam mit dem Hotel Brandenburger Hof hat er einen ganzen Weihnachtsmarkt mit einem riesigen Tannenbaum im Foyer de la Danse entstehen lassen. „Da habe ich drei Tage und drei Nächte durchgearbeitet", erinnert er sich fröhlich.

Oliver Wulff spricht schnell und konzentriert. Man kann sich gut vorstellen, dass er viele verschiedene Aufgaben in kurzer Zeit erledigt. Sobald er im Haus ist, kommen alle mit Fragen und Wünschen auf ihn zu. Seine Tänzer-Kondition kommt ihm immer wieder zu Hilfe. Von 9-18 Uhr ist die Kernarbeitszeit des Ballettinspektors. Er findet es gut, dass er seine Termine selbst bestimmt und sich seine Arbeitszeit flexibel einteilen kann. Wenn er heute 12 Stunden lang im Haus ist, kann er morgen entsprechend später kommen.

Er müsste nicht mehr tanzen, aber ganz kann er sich noch nicht von der Bühne trennen. Er liebt seine Charakterrollen wie den Herzog in „Romeo und Julia", Dorothys Vater in „Oz – The Wonderful Wizard" oder den Vater in „Schneewittchen". Eine Neuproduktion erfordert viel Probenzeit, da muss er sich seine Kräfte gut einteilen. Schließlich dürfen auch seine drei Söhne niemals zu kurz kommen.

„Mein Leben ist straff", sagt er, aber unglücklich wirkt er keineswegs. Für ihn war die Entscheidung für die Arbeit als Ballettinspektor genau richtig. Ein Ziel hat er sich auch schon gesteckt. Irgendwann möchte er in der Produktionsleitung arbeiten, mit seinem Organisationstalent und seinem Erfahrungsschatz die großen Produktionen des Staatsballetts begleiten.

Nur die Besten für die Bühne
Der Castingleiter

Manchmal ruft ihn morgens um drei Uhr jemand aus Novosibirsk an und berichtet von einer ganz tollen neuen Artistiknummer. Sebastian Hüchtebrock erzählt das nicht mit verdrehten Augen. Der Castingleiter vom Friedrichstadt-Palast freut sich immer, wenn seine Zirkusfreunde sich melden. Sein Netzwerk ist über die ganze Welt gespannt. Er kennt die Manager des Zirkusfestivals in Monte Carlo ebenso wie die Artisten von der Zirkusschule in Montreal und den großen Shows in Las Vegas. Er sieht sich die neuen Zirkusnummern in China und Russland an und ist gern dabei, wenn an den Zirkus- und Artistenschulen in Berlin, Moskau, Kiew oder Paris eine neue Artistengeneration ihre Examina macht. Hüchtebrock kennt die Marktlage und ist immer wieder auf der Suche nach dem Neuen und Einzigartigen für den Friedrichstadt-Palast.

Der Zirkus war immer seine Welt. „Die Exotik, die vielen Kulturen, das Sprachengewirr und das Reiseflair haben mich fasziniert", erinnert er sich. Dass sich ein Kind für den Zirkus begeistert, ist nichts Besonderes. Bei Sebastian nahm die Leidenschaft allerdings ungewöhnliche Formen an. Mit zehn Jahren begann er, die Zirkusleute am Wochenende zu besuchen. Er trat in die Gesellschaft der Circusfreunde ein, um immer genau zu wissen, welcher Zirkus wann und wo gastiert. Die ganze Kindheit hindurch hat er sich mit dem Thema beschäftigt. Allerdings nicht, weil er selber Clown, Artist oder Dompteur werden wollte. Dieser ganz spezielle kleine Zirkusfan wollte hinter den Kulissen arbeiten: „Ich habe schnell herausgefunden, dass mein Talent im Management liegt."

Als Jugendlicher hat er sich neben der Schule am Stadttheater Osnabrück als Statist, im Kinderchor und im Extrachor versucht. Im Jahr 2000 machte er sein Abitur und ging dann gleich als Sekretär zum Zirkus Busch-Roland. Von dort aus drehte er ein paar Saltos durch die Zirkuswelt, die Kontakte hatte er schließlich als Kind schon gesammelt. Sebastian Hüchtebrock machte Pressearbeit für den Zirkus Roncalli, arbeitet beim Cirque d'hivers in Paris, dann machte er das Management für eine holländische Company, die den nordkoreanischen und den russischen Staatszirkus zusammenbrachte.

Nach fünf bunten Zirkusjahren beschloss er, an der Freien Universität Berlin Theaterwissenschaft zu studieren. Den Friedrichstadt-Palast hatte er damals schon fest im Blick. Für den jungen Mann, der eine feste Bürostelle im Show- und Artistikbereich anstrebte, war das Haus in Deutschland die erste Wahl. Während des Studiums begann er als Praktikant an der Friedrichstraße, danach wurde er gleich Regieassistent. Eigentlich aber liebäugelte er mit dem kleinen Castingbüro, in dem nur zwei Menschen sitzen: der Castingleiter und sein Assistent. 2008 bewarb er sich um die Assistentenstelle und lernte viel von dem langjährigen Castingleiter Achim Kujawa. Als der sich in den Ruhestand verabschiedete, übernahm er die Position. „Jetzt bin ich in dem Job angekommen, den ich immer machen wollte", freut er sich.

Sebastian Hüchtebrock ist dafür zuständig, die Gastkünstler für die Shows zu finden und mit ihnen die Vertragsbedingungen auszuhandeln. Um neue Tänzer kümmert sich die Ballettdirektion, um neue Musiker die Show-Band, um alle Festangestellten grundsätzlich das Personalbüro. Doch auf der

Bühne des Friedrichstadt-Palastes stehen viele von Show zu Show wechselnde Artisten und Sänger. Die besten, spektakulärsten und innovativsten Nummern nach Berlin zu bringen, ist die Aufgabe des Castingleiters.

Rund zwei Jahre vor einer Showpremiere engagiert er in Absprache mit der Intendanz und Kreativdirektion Bühnen- und Kostümbildner, Choreografen und Lichtdesigner. Wenn das Konzept für die Show steht, bespricht er mit dem Regisseur und dem Autor, welche Art von Sängern und Artisten dazu passen. Luftakrobatik, Pantomime, Synchronschwimmen? Für die Show „The Wyld" wünschte sich der Regisseur Mugler eine Pudelnummer, und die war wirklich schwer zu finden. In Paris stieß Sebastian Hüchtebrock auf eine geeignete Hundetruppe und stellte erfreut fest, dass sie aus Berlin-Hoppegarten stammt. So können die Pudel jeden Abend nach der Show nach Hause.

Gesangssolisten zu finden, ist auch nicht leicht, obwohl sich auf jede ausgeschriebene Solistenstelle 60-100 Künstler bewerben. Die Sänger müssen erstklassig sein, dürfen aber keine Verpflichtungen auf anderen Bühnen, in Platten- oder Fernsehstudios haben. Das ist jedes Mal wieder ein Spagat. „Wir haben sechs bis acht Shows in der Woche und können niemanden besetzen, der nur am Dienstag und Samstag Zeit hat", erläutert der Castingleiter. Wenn eine Vorauswahl getroffen ist, organisiert Hüchtebrock eine Audition ohne Mikrofon in einem Studioraum. Erst die enge Auswahl darf sich beim Recall dann auf der großen Bühne präsentieren. „Wir brauchen Popstimmen, nicht so sehr Musicalsänger. Der Stil hat sich in den letzten Jahren gewandelt", meint Hüchtebrock.

Auch die Artistenwelt hat sich verändert. Früher ging es um die sportlichen Leistungen, heute möchte das Publikum auch eine ästhetisch ansprechende Choreografie erleben. Die westlichen Zirkus- und Artistenschulen bringen hauptsächlich Solisten heraus. „Früher waren große Truppennummern wie das Schleuderbrett, der russische Barren und die russische Schaukel weit verbreitet", erzählt Hüchtebrock. „Heute findet man sie nur noch in China, Russland und Nordkorea." Für die opulenten Nummern gibt es immer weniger Arbeitsmöglichkeiten. Am Friedrichstadt-Palast sind sie allerdings immer gefragt.

Woher kommt das Riesen-Tamtam?
Der Produktionsleiter

Drei Windmaschinen und Mundharmonikas? Wenn die Partitur das so vorschreibt, muss Robert Buchwald die Instrumente besorgen. Für das Musikstück „Kraft" von Magnus Lindberg hat er auf dem Schrottplatz Metallstücke gesammelt. In den Noten steht, dass lokaler Schrott verwendet werden soll. Auch ein riesiges Tamtam war gefragt. In London fand er ein stattliches Exemplar mit zwei Metern Durchmesser. Auf der Spanien-Tournee hatte ein Musiker seinen Frack vergessen. Robert Buchwalds Frau flog hinterher und brachte das Kleidungsstück mit.

Der Produktionsleiter der Berliner Philharmoniker hat schon viele Geschichten zu erzählen. „Ich bin dafür verantwortlich, dass alles, was sich das künstlerische Management ausdenkt, umgesetzt wird und funktioniert", erklärt Buchwald. Wenn er den neuen Spielplan für die Saison bekommt, sieht er erst einmal die Besetzungen der Stücke durch.

Die Philharmoniker besitzen eine stattliche Sammlung von Instrumenten, vor allem Tasteninstrumente wie Flügel, Klaviere, Cembali, Celesten, Truhenorgeln, ein Zymbalon, aber auch Sonderinstrumente wie Kontrafagotte. Alles andere muss Buchwald von anderen Orchestern oder Firmen ausleihen. Mit dem Chefdirigenten und den Gastdirigenten bespricht er dann, ob es Requisiten, Fernmusiken, Platzsperrungen oder besondere Bühnenaufbauten gibt. Sollen die ersten und zweiten Geigen getrennt voneinander sitzen oder die Kontrabässe wie bei Barenboim auf der linken Seite?

Besonders aufwändig wird es, wenn die Philharmoniker auf Tournee gehen. Im Vorfeld muss Robert Buchwald mit den Sälen in Tokio, New York oder Prag die Probenzeiten, den Platzbedarf auf der Bühne, die Zahl der Stühle und Pulte und die Zeiten für Auf- und Abbau besprechen. Wenn die Zollerklärungen ausgefüllt, Instrumente, Noten und Fräcke in Kisten verpackt sind, geht die Reise los. „Ich bin dann der Erste, der dort ist und der Letzte, der geht", sagt Robert Buchwald. Nachts fährt die auf Orchestertransporte spezialisierte Speditionsfirma 150 Kisten zum Flughafen. Bei großen Tourneen braucht das Orchester drei Lastwagen mit Anhängern. Robert Buchwald steht dann im Lagerhaus und überwacht die Palettierung. Die Cargoabteilung eines Jumbojets füllen die Philharmoniker manchmal komplett aus.

Einige Millionen Euro sind die Instrumente wert, die dann transportiert werden. Die Frachträume müssen beheizt sein, und manchmal zweifelt Robert Buchwald beim Auspacken daran, dass die Temperatur eingehalten wurde. Auf Anraten der Versicherung hat er gerade Translogger in die Kisten einbauen lassen, die genau aufzeichnen, welcher Temperatur und welchen Stößen die Instrumente ausgesetzt sind, ob sie senkrecht oder waagerecht gelagert werden.

Im Gastland stehen am Flughafen natürlich wieder bestellte Helfer für den Transport zum Konzertsaal bereit. „Wir möchten luftgefederte Fahrzeuge, nicht solche mit Blattfedern. Die Trucks sollten auch beheizt oder klimatisiert sein", erklärt der Produktionsleiter. Manchmal finden sich vor Ort allerdings nur Behelfscontainer auf Rädern: „In Qatar gab es zwei kleine, offene Laster mit Gittern, dafür aber zwanzig Helfer." Das Ausladen im Konzertsaal ist auch nicht immer unkompliziert. Vor allem bei älteren Sälen, etwa in Prag und Hamburg, muss er die Straße sperren lassen, damit die Kisten von den LKWs geladen werden können.

„Bei langen Tourneen möchte man es den Musikern so bequem wie möglich machen", sagt Buchwald. Dann wird jedes Einzelteil sorgfältig verpackt, zwei Musiker teilen sich eine Garderobenkiste, und Robert Buchwald nimmt sein ganzes mobiles Büro mit. Ein Röhrenglockenspiel füllt dann allein drei Kisten. Bei kurzen Gastspielen spricht Buchwald vom „kleinen Besteck". Dann gibt es Sammelgarderoben, die Holzbläser teilen sich eine Kiste und die Noten werden nicht in der Kiste, sondern in zwei Taschen und zur Sicherheit noch einmal auf Buchwalds USB-Stick transportiert.

„Wenn alles gut läuft, weiß keiner, dass es mich gibt. Dann habe ich meinen Job richtig gemacht", findet Robert Buchwald. Natürlich gibt es Unglücksfälle, die auch ein guter Produktionsleiter nicht verhindern kann. Einmal hat ein Gabelstapler eine Kiste mit einem Kontrabass durchbohrt. Eine umgestürzte Fernsehkamera zerlegte Saiteninstrumente in ihre Bestandteile. In Luxemburg steckten die LKWs mit den Instrumenten in einem Unfall-Stau fest und verhinderten eine Anspielprobe. In London kamen die Kisten mit den Fräcken nicht rechtzeitig an, und die Philharmoniker spielten in Zivil.

Robert Buchwald findet es wichtig, dass man in seinem Beruf Partituren lesen kann und etwas von Instrumentenkunde versteht. Er selbst hat in Berlin und Hamburg Querflöte studiert, musste aber danach bei den Probespielen feststellen, dass er der Konkurrenz nicht standhalten konnte. Er hatte immer schon Kammermusikabende organisiert und studierte dann Kultur- und Medienmanagement. Er wurde Projektleiter beim Landesjugendjazzorchester in Brandenburg und Orchestermanager beim West-Eastern Divan Orchestra, bevor die Berliner Philharmoniker ihn holten. „Jetzt kann ich jeden Tag dem besten Orchester der Welt zuhören", freut sich der Produktionsleiter. „Es macht mich stolz und glücklich, hier zu arbeiten."

Die Repertoirestücke lebendig halten

Die Spielleiterin

Sie sind die guten Geister des Repertoires. An Opernhäusern und Theatern sorgen die Spielleiter dafür, dass die Stücke immer frisch und lebendig bleiben, auch wenn sie schon seit vielen Jahren auf dem Spielplan stehen. „Jede Vorstellung soll wirken wie die Premiere", erklärt Katharina Lang, die seit 1988 als Abendspielleiterin und Regieassistentin an der Staatsoper arbeitet.

Das älteste Stück, das sie betreut, ist "Der Barbier von Sevilla", den ihre Lehrerin Ruth Berghaus 1968 inszeniert hat. Da müssen immer wieder Kostüme und Bühnenbildteile erneuert werden, und Katharina Lang hat eine ganze Generation von Sängern in die Ideenwelt der Inszenierung eingearbeitet. Auch „Tristan und Isolde", „Macbeth", „Don Giovanni", „Le nozze di Figaro" und „Die Zauberflöte" gehören zu „ihren" Produktionen.

Bei Neuproduktionen arbeitet sie als Assistentin. „Manche Regisseure binden einen schon in die Entwicklungsphase ein, wenn sie das Stück analysieren und Ideen entwickeln. Das war bei Ruth Berghaus und Peter Mussbach so", erzählt sie. Andere Regisseure wie Harry Kupfer machen ihre Vorbereitungen lieber allein. Spätestens bei den Proben ist die Assistentin dann aber im Einsatz, begleitet und unterstützt den Regisseur. Sie hilft dabei, die Inszenierung zu erschaffen und lernt sie in den sechs Probenwochen auswendig.

In der Zeit erstellt sie auch das Regiebuch für die Produktion. Das ist ein Klavierauszug, in dem zwischen zwei Notenseiten immer eine leere Seite eingeklebt wird, auf der die Assistentin wichtige Gedanken des Regisseurs, Auf- und Abgänge, Blickrichtungen, technische Ereignisse und vieles mehr festhält. Später müssen sie und auch ihre drei Kollegen daraus genau erkennen können, wann die Versenkung losfährt und wann die Beleuchtung wechselt.

Eine Inszenierung, die Katharina Lang von Anfang an begleitet hat, betreut sie in der Regel auch später. Bei einer Wiederaufnahme kümmert sie sich darum, die neuen Sänger präzise einzuarbeiten. Manchmal kommt man dabei um Änderungen nicht herum. Eine Sängerin kann an der Schaukel abwärts hängend die Koloraturarie noch singen, die nächste schafft das nicht – also muss man eine andere Lösung finden, die dem Geist der Inszenierung entspricht. „Bei den Produktionen von Ruth Berghaus weiß ich immer recht genau, welche Änderung in ihrem Sinne wäre und welche nicht, weil ich viele Jahre mit ihr zusammengearbeitet habe und auch ihre Meisterschülerin war", erzählt die Spielleiterin.

Die Produktionen während der Sanierung der Staatsoper für die Ausweichspielstätte im Schiller-Theater anzupassen, war auch nicht immer einfach. Die Bühne selbst hatte dieselben Maße, aber rechts gab es so gut wie keine Seitenbühne. Bei „Aida" musste Katharina Lang schon sehr genau arbeiten, um die großen Menschenmassen hinter der Bühne so zu platzieren, dass alle Umzüge, Auf- und Abgänge reibungslos funktionierten.

Da ging sie Kompromisse ein, wie sie auch bei Gastspielen nötig sind. In den japanischen Mehrzweckhallen zum Beispiel gibt es keine Drehbühnen. Die Staatsoper behilft sich mit der „Reisescheibe", die auf dem eigentlichen Boden angebracht wird. Sie ist allerdings kleiner und dreht sich langsamer, was bei manchen Inszenierungen zu seltsamen Verzögerungen führen könnte, wenn die Spielleiter das nicht wüssten.

Schwierig wird es immer, wenn ein Sänger ganz kurzfristig einspringen muss. Dann fragt sich die Spielleiterin, was sie für den Gast vereinfachen kann, ohne den Geist der Aufführung zu stören. Der Sänger braucht die wesentlichen Informationen, aber nicht zu viele. „Das muss sehr schnell gehen. Ein Kollege hat einen Sänger mit dem Taxi vom Flughafen abgeholt und ihm dabei die Inszenierung erklärt. Ich habe eine Brünnhilde eingewiesen, während die Vorstellung schon lief", sagt Katharina Lang.

Während der Vorstellung steht sie dann auf der Seitenbühne oder in verschiedenen Gassen im Bühnenbild, um mit kleinen Zeichen zu helfen. Auch die anderen Sänger, Inspizienten und Techniker sind an solchen Abenden hellwach. „Danach ist man um Jahre gealtert – und glücklich", meint die Spielleiterin. Eine einspringende Königin der Nacht darf keine Höhenangst haben. Sie steigt in einen silbernen Mond ein, wird festgeschnallt und dann im schaukelnden Wagen aus dem Bühnenhimmel herabgelassen. Das findet jeder aufregend, der es vorher nicht geübt hat.

Im Notfall springt die Spielleiterin selbst ein. Bei einer Aufführung vom „Fliegenden Holländer" saß die kurzfristig gefundene Sängerin mit den Noten auf der Bühne. Katharina Lang übernahm den Schauspielpart. „Die Senta musste in der Inszenierung die ganze Zeit auf einer schräg gestellten Wendeltreppe spielen. Für eine nicht eingearbeitete Sängerin wäre die Unfallgefahr einfach zu groß gewesen", erzählt sie.

Als Kind hat Katharina Lang im Rundfunk-Kinderchor

gesungen und ist auf die musikalisch geprägte Georg-Friedrich-Händel-Oberschule gegangen. Als Jugendliche hatte sie schon die Idee, Opernregie zu studieren. An der Hochschule für Musik „Hanns Eisler" lernte sie bei Meistern wie Peter Konwitschny, machte Praktika bei Ruth Berghaus und Harry Kupfer. Nach dem Studium bekam sie direkt das Angebot, an der Staatsoper anzufangen.

Ein paar eigene Inszenierungen hat Katharina Lang gemacht, etwa „La Perichole" in Annaberg-Buchholz und „Elektra" in Sydney. Freiberuflich als Regisseurin zu arbeiten, ist aber schon lange nicht mehr ihr Ziel. Manchmal betreut sie zwei Wiederaufnahmen gleichzeitig und arbeitet praktisch rund um die Uhr. Trotzdem findet sie ihre Arbeit an der Staatsoper absolut erfüllend. „Die Zusammenarbeit mit Ausnahmekünstlern wie Berghaus, Kupfer, Barenboim und Gielen ist ein großes Glück", sagt sie. „Ich würde mein Haus nicht verlassen."

Palmen fürs Konzerthaus
Die Veranstaltungsmanagerin

Sie entscheidet, auf welchen Plätzen die Bodyguards von Angela Merkel sitzen. Mit dem TV-Team legt sie die Kamerapositionen für die Live-Übertragung fest. Wenn dann der Sängerin ein Knopf am Abendkleid abreißt, holt sie schnell das Nähzeug aus ihrem Büro. Sherin Sorour ist im Konzerthaus Berlin die Frau für alle Fälle. Klassische Konzerte, aber auch Galas, Empfänge und Preisverleihungen liegen in ihren Händen. Beim „Festival Mythos Berlin" war Zwanziger-Jahre-Flair gefragt, inklusive Gamaschen und Absinth-Lounge. Kein Problem für die Leiterin des Veranstaltungsmanagements im Haus am Gendarmenmarkt.

Bei den eigenen Veranstaltungen des Konzerthauses kümmert sie sich mit ihrem zehnköpfigen Team um die Künstler, richtet die Garderoben her und geleitet die Gäste durchs Haus. Das Kleid ist zerknittert? „Dann haben wir Bügeleisen und Bügelbrett parat", sagt Sherin Sorour. Der Cembalist möchte sein Instrument nachstimmen? Ja, in der Schublade der Veranstaltungsmanagerin findet sich auch ein Cembalo-Stimmschlüssel.

Festivals und spezielle Konzertformate sind besondere Herausforderungen für die Abteilung Veranstaltungsmanagement. Für die Reihe „Mittendrin" müssen alle Stühle im Großen Saal ausgebaut werden, damit sich die Orchestermusiker im Raum verteilen und die Zuhörer dazwischen sitzen können. Für das Südamerika-Festival im vergangenen Jahr haben Sherin Sorours Mitarbeiter Palmen im ganzen Haus aufgestellt, für spezielles Licht, einen Mate-Tee-Stand und ein Espresso-Fahrrad gesorgt.

Das Konzerthaus plant meist für drei Jahre im Voraus. Wenn die eigenen Veranstaltungen alle in Sherin Sorours Saalbelegungsplan eingetragen sind, kann sie die restlichen Termine zur Vermietung freigeben. Das Rundfunk-Sinfonieorchester, die Staatskapelle, das Festival Young Euro Classic und diverse Berliner Konzertveranstalter gehören zu den Stammgästen. Aber auch Politiker und Unternehmer lassen ihre repräsentativen Feierlichkeiten und Firmenjubiläen gern im Konzerthaus stattfinden.

Der Gendarmenmarkt gilt als einer der schönsten Plätze Europas, der Schinkel-Bau und die große Freitreppe mit dem roten Teppich sorgen immer für einen exklusiven Rahmen. „Deshalb spielt die Vermietung im Konzerthaus eine besonders große Rolle. Etwa die Hälfte aller Veranstaltungen wird von Fremdveranstaltern bestritten", weiß die Veranstaltungsmanagerin. Die „Cinema for Peace"-Gala, die Verleihungen des Echo Klassik, des Ordens „Pour la merite" und des Red Dot Award haben hier stattgefunden, aber auch die offizielle Feierstunde zum 25-jährigen Jubiläum des Mauerfalls und die Trauerfeier für die NSU-Opfer. Jeden Tag treffen neue Anfragen bei der Veranstaltungsmanagerin ein: „Im Dezember wünsche ich mir immer einen zweiten Großen Saal. Da kann ich nur die Hälfte der Anfragen berücksichtigen."

Seit 2010 leitet Sherin Sorour die Abteilung Veranstaltungsmanagement am Konzerthaus Berlin. In Hamburg hat sie Musikwissenschaft studiert, aber schon während des Studiums festgestellt, dass sie gern in der Praxis mit Musikern arbeiten wollte. Sie begann als Orchesterdisponentin der Philharmoniker Hamburg. „Nach dreieinhalb Jahren bewarb ich mich mutig beim Konzerthaus", erzählt sie. Ihre Mitarbeiter sind Musikwissenschaftler, Kulturwissenschaftler, Musiker, aber auch eine Architektin und ein Historiker, die sich weitergebildet haben. Sie kümmern sich um Mietverträge, bestellen den Klavierstimmer, legen Probenzeiten fest und organisieren Fototermine für Künstler.

„Frau Merkel und Herr Gauck kennen sich hier schon gut aus", meint Sherin Sorour. Die Veranstaltungen mit viel Politprominenz und hoher Sicherheitsstufe erfordern besonders viel Vorbereitung. Im Vorfeld kommen das BKA und die Sprengstoffhunde, Delegationen vom Bundespresseamt, vom Kanzleramt, Bundespräsidentenbüro und den Büros einzelner Politiker. Viele Fragen sind zu klären: Wie hoch soll das Rednerpult sein? Wo sind die Toiletten? Wo gibt es einen Rückzugsraum, falls ein wichtiges Telefonat geführt werden muss? Auch bei Live-Übertragungen muss viel geplant werden. „Die Fernsehteams reisen meist schon vier Tage vor der Veranstaltung an, um die Kabel zu ziehen und alles aufzubauen", erklärt Sherin Sorour. Allein der Einbau der Spidercam unter der Saaldecke dauert zehn Stunden.

Manche Firmen wollen ihre großen Jubiläumsveranstaltungen jahrelang im Voraus planen. Fernsehproduktionen fragen dagegen oft ganz kurzfristig nach einem Termin in drei Wochen. Dreharbeiten finden im und am Haus immer wieder statt. Das Konzerthaus war schon die Bank von England in dem Film „In 80 Tagen um die Welt", ein russisches Pressebüro in „Das Jahr des Hundes", Konferenzort des G8-Gipfel im Bollywoodfilm „Don – The King is Back" und ein Casino in „Otto's Eleven". „Da hatten wir Fassadenkletterer hier, die das Wort ‚Spielbank' in goldenen Styroporlettern an der Hausfront anbrachten", erinnert sich die Veranstaltungsmanagerin.

Nicht jede Vermietungs-Anfrage wird vom Intendanten genehmigt. Wenn die geplante Veranstaltung dem Profil des Hauses widerspricht oder bei manchen politischen Veranstaltungen moralisch-ethische Bedenken bestehen, erteilt er eine Absage. Hin und wieder gehen die Wünsche rein technisch an die Grenzen des Machbaren. „Es gab auch schon den Wunsch nach einem Laufsteg, der vom Großen Saal aus durch die geöffnete Tür die Freitreppe hinunterführen sollte. Wir haben darüber nachgedacht, aber es ging dann schon aus Termingründen nicht", erzählt die Veranstaltungsmanagerin.

Sherin Sorour und ihr Team bemühen sich, alles möglich zu machen und jede Idee zu verwirklichen. Die neue Bühne im Großen Saal, die man komplett bis auf die Saalebene herabfahren kann, eröffnet ganz neue Möglichkeiten: „Da müsste jetzt jemand einen Ball veranstalten. Darauf hätten wir alle große Lust!"

Klänge für die Bühne erfinden
Der Theaterkomponist

Theatermusik sollte sich nicht anbiedern oder einfach nur die Szene illustrieren, sondern sich wirklich mit dem Spiel verzahnen, neue Türen öffnen. Für mich ist gute Theatermusik ein eigenständiger Mitspieler", erklärt Ingo Günther. Sein Leben lang hat er Klänge und Geräusche für Theater geschaffen, für die Volksbühne und das Maxim Gorki Theater in Berlin, aber auch für Häuser in Hamburg, München, Düsseldorf und Antwerpen.

Seine musikalische Welt ist so vielfältig wie das Theater selbst. Ingo Günther bewegt sich in Stilsphären zwischen klassischer und Neuer Musik, Electro, Soul, Jazz und Pop. Er hat Musik zu einer Oper ohne Handlung geschrieben und Paul Linckes Melodien in die heutige Zeit übersetzt. Der Musiker hat mit Regisseuren wie Jarg Pataki, Sebastian Baumgarten, Barbara Weber, Claudia Bauer und Armin Petras gearbeitet. Seit einigen Jahren dreht er vor allem am musikalischen Schwungrad von Herbert Fritschs wildem Spaßtheater. „Ich kenne keinen anderen Regisseur, der einen so begeistern kann. Es geht immer darum, Vollgas zu geben, expressiv und experimentierfreudig zu sein", erzählt der Theaterkomponist.

Er hat andere Regisseure erlebt, die ihn gebremst haben, alles immer leiser und dezenter haben wollten. „Viele Regisseure setzen Theatermusik so ähnlich ein wie Filmmusik. Immer schön untermalen, immer schön die Szene unterfüttern, damit der Zuschauer im besten Fall die Illusion hat, er säße im Kino", sagt er. Am schlimmsten findet er Regisseure, die ihm einen Popsong vorspielen und meinen, dass er so etwas komponieren sollte. Ingo Günther möchte sich für jedes Stück etwas Einzigartiges, Unverwechselbares ausdenken.

Früher hat er oft einen Soundtrack produziert, der dann bei den Vorstellungen von der Tonabteilung abgespielt wurde. Inzwischen bevorzugt er es, am Abend selbst auf der Bühne zu stehen und seine Musik zu spielen. „Das Schöne am Theater ist eben, dass es live stattfindet. Es ist lebendig und verändert sich von Aufführung zu Aufführung. Das sollte auch für die Musik gelten", meint er.

Vor einer Neuproduktion führt er intensive Gespräche mit dem Regisseur. Dann überlegt er sich ein Konzept, sammelt Ideen und stellt das Instrumentarium zusammen. Die eigentliche Komposition entsteht aber auf der Probebühne in der Auseinandersetzung mit den Schauspielern. „Ich bin auf jeder Probe dabei. Das ist sinnvoller, als wenn die Schauspieler die Szenen probieren und ich zu Hause am Computer etwas komponiere, was ich dann darunterlege." Er hat die Erfahrung gemacht, dass seine Kompositionen auch wirklich nur in Verbindung mit dem Theaterstück funktionieren. Wenn er sie zu Hause im Wohnzimmer hört, findet er sie auf einmal uninteressant.

Ingo Günther schreibt keine absolute Musik. Da gibt es keine Streichquartette in seinem Schreibtisch zu entdecken. Er hat Filmmusik und Theatermusik geschrieben, „Gebrauchsmusik" also. Der Komponist reagiert durchaus allergisch auf den abwertenden Begriff. „Gebrauchskunst, Gebrauchsschauspieler, Gebrauchslicht – was soll das sein? Natürlich gibt es Inszenierungen, in denen nebenher ein bisschen Theatermusik läuft, Flächen, Atmosphären, eine akustische Tapete. Das ist dann vielleicht wirklich Gebrauchsmusik. Gerade in der Arbeit mit Herbert Fritsch bemühen wir uns, alle Elemente des Theaters gleich wichtig zu nehmen. Für ihn ist das Wort genauso bedeutend wie die Bewegung, das Licht oder eben die Musik."

Ingo Günther hat in Hildesheim Kulturwissenschaft mit den Schwerpunkten Musik und Kunst studiert. Schon während des Studiums hat er sich als Musiker und Schauspieler in die rege Theaterszene der Stadt eingemischt. Er hat freie Theater- und Performancegruppen mitbegründet und seine Liebe zur Theatermusik entdeckt. An der Volksbühne hat er Musik zu „der die Mann" „Die (s)panische Fliege", „Murmel Murmel" und „Ohne Titel Nr.1" geschaffen.

Der Komponist ist auf der Bühne an diversen Musikinstrumenten zu erleben. Orgel, präpariertes Klavier, Harmonium, Marimbaphon, Sampler, Plattenspieler, Tonband und Computer gehören zu seinem Instrumentarium. Manchmal erfindet er für ein Stück aber auch ein spezielles Instrument. Das Trampofon in der „(S)panischen Fliege" zum Beispiel ist ein mit sieben Sensoren ausgestattetes Trampolin, die beim Springen bestimmte Samples auslösen. Passend zum Thema Holz in dem Stück „Ohne Titel Nr.1" hat er sich ein Knarzofon bauen lassen, das sägende, knarrende, brechende Holzgeräusche erzeugen kann.

Ingo Günther schreibt seine Kompositionen meist nicht auf. Auf der Bühne herrscht bei ihm auch für seine Musikerkollegen Notenverbot. Sie sollen verfolgen, was auf der Bühne geschieht und nicht in die Noten sehen. Die Schauspieler haben schließlich auch kein Textbuch. Keine Vorstellung gleicht der vorigen. Jeden Abend geht er auf das Tempo und die Stimmung der Schauspieler ein. Er improvisiert gern auf der Bühne, probiert immer wieder etwas Neues aus. Einmal ist seine ganze Elektronik ausgefallen, Sampler und Festplatte wollten einfach nicht mehr zusammenarbeiten. Improvisierend hat er sich mit ganz anderen Klängen über den Abend gerettet und staunte am Ende, wie gut das funktionierte: „Einige dieser Sounds habe ich dann in den nächsten Aufführungen übernommen."

Dirigent der Technik
Der Stage Manager

Die Caller Booth versteckt sich hinter einer der Türen, auf denen „Kein Zutritt" steht. In dem kleinen Raum unterm Dach des Theater des Westens sitzt der Stage Manager Marcus Paetsch vor seinem Mikrofon. Fünf Minuten vor der Vorstellung des Udo-Jürgens-Musicals „Ich war noch niemals in New York" fragt er ab, ob alle auf ihren Plätzen sind: Dirigent, Bühnenmeister, Floater, Maschinenmeister, Stellwerker und Spotfahrer. Mit einem fröhlichen „So, wir können ablegen, viel Spaß allseits" beendet Marcus Paetsch den Teil, den er die Ouvertüre nennt. Die Show kann beginnen.

„Wir sind die Dirigenten der Technik", sagt Marcus Paetsch, der die kleine Abteilung mit vier Stage Managern leitet. Tatsächlich schlägt er mit dem Bleistift den Takt, während er in den Noten blättert. Sein Callbuch ist ein Klavierauszug, in dem alle technischen Verwandlungen eingetragen sind, für die er mit seiner beruhigenden, tiefen Stimme die Einsätze gibt. „Auto-Cue 9 - go" sagt er, und die Liegestühle auf dem Kreuzfahrtschiff werden nach hinten gefahren. „Lx 21 – go. Lx 22 – go. Lx 23 – go", bedeutet, dass drei Mal die Lichtstimmung wechselt.

Die Befehle sind durchnummeriert. Auto-Cues betreffen die automatischen Fahrten auf der Bühne, Fly-Cues die Hänger, die von oben nach unten fahren, Lx die Beleuchtung. Paetsch gibt auch die Einsätze für Nebel, Video, Tore und alles, was von Hand auf die Bühne geschoben wird. Manchmal spricht er Befehle im Sekundentakt, nur selten hat er zwei Minuten lang nichts zu sagen oder ein Signal an der Lichtzeichenanlage zu geben. Zwischendurch hat er noch Zeit, den Stellwerker auf eine schiefe Lampe aufmerksam zu machen und den Bühnenmeister zu fragen, ob sich ein Vorhang an der Gassenwand verfangen hat.

Auf acht Monitoren sieht er die Bühne aus verschiedenen Blickwinkeln, die Hinterbühne und den Dirigenten. „Mein Alptraum wäre es, mich im Callbuch zu verblättern", erklärt Marcus Paetsch. „Wenn etwas passiert, versuchen wir die Situation durch Variationen und Verzögerungen zu retten. Wenn der Jeep nicht fährt, muss er eben geschoben werden. Im schlimmsten Fall muss ich mich an das verehrte Publikum wenden."

Der Stage Manager ist die verantwortungsvolle Schnittstelle, weil er mit allen Abteilungen über Funk verbunden ist. Während der Vorstellung arbeitet er hochkonzentriert. Allein die Lichtstimmungen wechseln 528 Mal. Bei jeder Vorstellung gibt es zwei Stage Manager. Als Caller geben sie die Einsätze für die Technik. Als Floater sind sie im Theater unterwegs und assistieren dem Caller, überwachen die Verwandlungen auf der Bühne und sorgen dafür, dass keine Requisiten fehlen.

„Das Callen ist für mich die Königsklasse am Theater", findet Marcus Paetsch. Die Arbeit in diesem Bereich ähnelt der des Inspizienten am klassischen Sprechtheater. Allerdings werden beim Musical die Darsteller nicht eingerufen. Der Caller ist mit der aufwändigen Bühnentechnik schon ausgelastet. Der Aufgabenbereich des Stage Managers umfasst auch nicht nur das Callen und Floaten bei der Vorstellung. Tagsüber koordiniert und betreut er die Proben. Er informiert alle Gewerke, die für eine Probe gebraucht werden und bespricht die Abläufe mit dem Regisseur. „Wir versuchen immer vorauszudenken, damit möglichst wenig Zeit mit Umbauten vergeudet wird", erklärt er.

Sein Arbeitstag dauert meist von 13 bis 22 Uhr. Erst bearbeitet er seine E-Mails im Büro. Der Regisseur möchte eine Szene noch einmal proben, die Maske wünscht sich einen Termin für eine Anprobe. Paetsch notiert alles im Probenplan. Er klärt mit dem Regisseur, ob er Arbeitslicht oder Showlicht braucht und ob ein Pianist zur Begleitung genügt. Dann sieht er nach, ob die beiden Klavierzimmer, der Ballettsaal und die Probebühne in gutem Zustand sind oder ob die Darsteller ihre Nackenrollen und Yogamatten liegen gelassen haben.

Eine Stunde vor der Vorstellung überprüft er, ob alle Mitwirkenden im Haus sind. Eine halbe Stunde darauf folgt der Blackout-Check, um sicher zu gehen, dass auch alle Lichter ausgehen, wenn das gewünscht ist. „Der Theaterzauber muss stimmen", sagt Marcus Paetsch. Kurz vor der Vorstellung unternimmt er noch einen Rundgang, um zu prüfen, ob die Dekoration stimmt und alle Hänger auf ihrer Position sind. Dann ruft er im Vorderhaus an und gibt Bescheid, dass der Saal geöffnet werden kann.

Stage Manager ist in Deutschland kein Ausbildungsberuf. Tänzer, Schauspieler, Veranstaltungstechniker und viele andere Quereinsteiger arbeiten in dem Bereich. „Man braucht eine schnelle Auffassungsgabe, musikalisches und technisches Verständnis", sagt Marcus Paetsch. Er selbst ist gelernter Bootbauer und hat sich dann zum Meister in Veranstaltungstechnik weitergebildet. Danach studierte er in Hamburg an der Hochschule für Wirtschaft und Politik.

Um sein Studium zu finanzieren, arbeitete er in der Beleuchtungsabteilung der Neuen Flora. Bald stellte er fest, dass ihn das Theater viel mehr interessierte als das Studium, das er irgendwann aufgab. Er fand eine Stelle im Stage Management – für ihn ein Traum. Seit 2005 ist er nun schon Abteilungsleiter am Berliner Theater des Westens. Er wird aber auch immer wieder nach Hamburg ausgeliehen. Als Production Stage Manager hat er mehrere Musical- Weltpremieren betreut, zum Beispiel „Ich will Spaß", „Der Schuh des Manitu" und „Rocky". „Ich liebe es, ein neues Stück als Supervisor mit aufzubauen. Man kann dann erfahren und mitbestimmen, wie alles genau funktioniert", begeistert sich Marcus Paetsch. „Das ist eine ganz besondere Herausforderung."

Narrenkostüme und Ritterrüstungen

Die Fundusverwalterin

Achtung, spielender Fundus! Entnahme von Kostümen verboten!" steht auf einem Warnschild. Kaum auszudenken, was passiert, wenn die Staatsoper abends „Tosca" spielen will und ein Kostüm fehlt. „Dann rennen hier 20 Menschen in großer Panik hin und her und suchen alles durch", erzählt die Fundusverwalterin Jeannette Jürgens. Sie hat das alles schon erlebt. Einmal war sogar eine ganze Kleiderstange voller Kostüme verschwunden. Bisher haben sich fehlende Teile aber immer noch rechtzeitig angefunden.

Wenn die Kostümbildner im Fundus nachsehen, was sie für ihre Neuproduktion an der Staatsoper gebrauchen können, bekommen sie eine Einweisung von Jeannette Jürgens. Im freien Fundus dürfen sie sich bedienen, der spielende Fundus ist tabu. Manche verlaufen sich trotzdem zwischen den Kostümen, die für die Aufführungen gebraucht werden. Die Fundusverwalterin muss gut auf ihre Schätze aufpassen.

Unendlich lang erscheinen die Fluchten mit Garderobenstangen, auf denen hintereinander und übereinander Königinnengewänder, Narrenkostüme, Feenkleider und Rüstungen hängen. 3900 Quadratmeter groß ist die Halle auf dem Mariendorfer Fabrikgelände. Hinter dem „Barbier von Sevilla" ist „Der Rosenkavalier" zu finden. Die Kostüme von „Aschemond oder The Fairy Queen" passen auf fünf 2,30 Meter lange Stangen. Für „Tannhäuser" werden schon zehn Stangen gebraucht.

Jeannette Jürgens schätzt, dass sie 200.000 Kostüme, Schuhe und Accessoires verwaltet. Neben dem spielenden Fundus gibt es die Kostüme der Stücke, die gerade nicht aufgeführt werden, aber im Repertoire bleiben. „Wir haben hier 51 Oper, zehn Ballette und eine ganze Reihe von Werkstattstücken, die wir sofort auf die Bühne bringen könnten", erzählt Jeannette Jürgens. Für alle Repertoirestücke hebt sie Stoffreste auf, denn die Kostüme müssen immer wieder umgeändert werden, wenn es eine neue Besetzung gibt.

Im freien Fundus hängen die Kostüme aus den abgespielten Opern, geordnet nach Kostümart und Farbe. Weiße, grüne, rote, gelbe Bademäntel, Negligés, Regenmäntel, Pelze. Bunte Fantasykostüme mit Vogelkrallen und Teufelsschwänzen. Im Muscumsfundus finden sich gute, alte Stücke aus der Kaiserzeit, der Weimarer Republik, der Nazizeit und der DDR. Daneben gibt es den riesigen Schuh- und Stiefelfundus, den Rüstfundus mit Schwertern und Säbeln. Accessoires aller Art werden in Boxen aufbewahrt.

Seit 2012 ist Jeannette Jürgens allein mit wechselnden Praktikanten die Herrin über die Halle voller Kostüme. Ihr Berufsleben begann mit einer Ausbildung in der Metallbranche. „Das lag mir überhaupt nicht", erinnert sie sich. „Danach wollte ich nur noch machen, was mir Spaß macht." Sie zog nach Berlin und wurde Modistin. Fünf Jahre lang entwarf sie Hutkreationen für die Komische Oper. Dann wollte sie Kostümbildnerin werden und ging nach Liverpool an das neu gegründete Institute of Performing Arts. Das Studium schloss sie mit Auszeichnung ab.

Zurück in Berlin, arbeitete sie für Filmproduktionen und englischsprachige Theater. Doch sie fand es schwierig, das Leben als freie Kostümbildnerin und Mutter einer kleinen Tochter unter einen Hut zu bekommen. „Arbeit gab es genug, Geld dagegen kaum", meint sie. Als sie von der freien Position der Fundusverwalterin an der Staatsoper erfuhr, bewarb sie sich sofort. „Hier fühle ich mich absolut richtig", sagt sie voller Begeisterung.

In ihrem Büro verwaltet Jeannette Jürgens Akten mit Inventarverzeichnissen. Wenn ein Kostümbildner im freien Fundus Soldatenuniformen findet, die er verwenden möchte, lässt sich mit der Nummer im Kostüm und den Listen im Büro feststellen, von wann und aus welcher Inszenierung die Uniformen stammen. Manchmal ist auch Detektivarbeit gefragt. Aus der Werkstatt rief neulich jemand an und fragte nach einem bunten Kostüm aus der „Blume von Hawai". Es war längst umgearbeitet und mit Seide überzogen worden. Nur an einer Naht konnte die Fundusverwalterin das gesuchte Kostüm noch erkennen.

Früher arbeiteten bis zu zehn Personen im Fundus. Da wurde jeder Schnürsenkel mit einer Nummer versehen. So viel Zeit hat Jeannette Jürgens heute nicht mehr. Der Fundus war noch vor einigen Jahren ganz in der Nähe der Staatsoper in der Französischen Straße untergebracht. „Wenn etwas fehlte, konnte man schnell noch einmal in den Fundus laufen. Das ist jetzt nicht mehr möglich", erzählt die Fundusverwalterin. Eine Stunde beträgt die Fahrtzeit zwischen dem Mariendorfer Fundus und dem Opernhaus.

In weißen Lieferwagen werden die Kostüme transportiert, die Jeannette Jürgens für die Vorstellung bereitstellt. Nach der Vorstellung kommt alles in die Reinigung. Dann muss jedes Kostüm wieder an seinen Platz. „Ich sehe jedes Stück drei Mal an, bevor ich es weghänge. In diesem Beruf ist es wichtig, sehr akribisch zu sein", sagt Jeannette Jürgens. Manchmal gibt es besondere Kostümteile, die in zwei verschiedenen Opern spielen, beispielsweise lange Handschuhe in einer Übergröße. Damit darf sie auf keinen Fall durcheinander kommen.

„Der Fundus ist lebendig, immer in Bewegung", sagt die Verwalterin. „Ich verzeichne jede Änderung." Mit jeder Neuproduktion kommen hunderte von neuen Kostümen in den Fundus. Vor der Spielzeit macht sich Jeannette Jürgens eine Liste mit den Premieren und schätzt die laufenden Meter, die benötigt werden. „Die 'Parsifal'-Kostüme brauchten dann doch keine 32 Meter, sondern nur 17,25 Meter. Was meinen Sie, wie froh ich war!" Noch gibt es leere Flächen im Fundus. Aber irgendwann platzt auch die größte Halle aus allen Nähten. Dann wird wieder einmal ein Fundusverkauf organisiert - zur großen Freude der Opernfans.